당신에게
예수님은
어떤 분이신가요?

당신에게
전도는
무엇인가요?

내 인생을
춤추게 한
예심전도

내 인생을
춤추게 한
예심전도

초판 1쇄 발행 2023년 02월 16일
초판 1쇄 인쇄 2023년 02월 19일

지 은 이 | 이주용
펴 낸 이 | 황성연
펴 낸 곳 | 도서출판 청우
디 자 인 | 박상진
등록번호 | 제 2001-000055호
주 문 처 | 하늘물류센타
주   소 | 경기도 파주시 광탄면 혜음로 883번길 39-32
연 락 처 | (031)-906-0011 | **팩스** (0505)-365-0011

ISBN 978-89-94846-61-3 03230

이책은 저작권법에 의해 보호를 받는 저작물이므로 무단전재 및 복제를 금합니다. 잘못 만들어진 책은 구입하신 서점에서 바꾸어 드립니다.

책 값은 뒤표지에 있습니다

이주용 지음

내 인생을 춤추게 한
예심전도

이 세상 가장 행복한 이들이
가진 것 그리고 하는 것

청우

추천서 1 · ·

이 시대를 가리켜 탈 기독교 시대라고 합니다. 탈 기독교 시대인 현시대는 기독교 문화가 기준을 벗어나 세상 문화의 흐름에 세속화되어 복음 전파의 능력이 극히 약화 되고 있습니다. 그래서 교회마다 전도가 쉽지 않습니다.

이주용 목사님은 이 시대의 천연기념물과 같은 전도자이십니다. 은퇴 준비 시기에 개척, 코로나 기간에 개척, 청년의 기상으로 복음에 대한 열정이 넘치는 이주용목사님은 이 시대 하나님 나라의 보석 같은 분입니다. 예수님 마음 전도법(예심선교회)을 만남으로 전국과 세계 교회를 깨우는 전도자가 되신 목사님은 복음의 비저너리, 패션너리, 미션너리의 천국 멋쟁이이십니다!!!

대학교 강의를 하실 때 방학 기간을 통하여 전국 순회 전도하는 그 모습은 최고의 전도자이셨습니다. 바울의 모습이 보였습니다. 베드로의 모습이 보였습니다. 코로나를 두려워하지 않고 환경의 장벽을 무너뜨리는 이주용 목사님은 사도행전 29장의 주인공이십니다.

현재 목사님은 전도 훈련생도들의 교관이시며 기독 유엔을 관장하시는 사무총장님이십니다.

이 책은 100세 시대를 살아가는 이 시대 은퇴 목회자들에게는 도전이 되고 젊은 목회자들에게는 큰 귀감이 되리라 확신합니다. 그리고 수 많은 그리스도인들에게 영혼의 가슴을 불태우는 불쏘시개 같은 전도의 도구가 될 것입니다.

이 한 권의 책을 통하여 수 많은 기독교인들의 인생이 복음 전파자로 바뀌게 될 것을 기대합니다.

사단법인
예심선교회 대표
김기남 목사

추천서 2··

급변하는 현대 사회 속에서 대부분 사람들의 기저 심리에 불안감과 우울감이 있다. 이런 세상에 역설적이게도 저자는 인생을 춤추게 할 이유를 고백하고 있다. 무슨 이유일까 궁금해서 책을 읽기 시작하면서 두 가지 이유를 발견했다. 먼저 저자는 자신의 긴 인생 속에서 살아계신 하나님이 어떻게 역사하셨는가를 고백한다. 더 나아가 저자에게 인생의 최고의 가치는 영혼 사랑 즉 복음전도이다. 이 복음전도는 하나님께서 가장 기뻐하시는 소원이며 지상 최고의 명령이다. 주님은 "땅끝까지, 만민에게, 모든 민족에게 복음을 전하며 가르쳐 지키게 하라"고 명령하셨다. 이 명령은 사람들을 행복하게 하는 가장 축복된 사명이다.

그런데 많은 목회자와 성도들이 안타깝게도 복음전도에 대해 부담과 고민을 느낀다. 코로나19 팬데믹 상황은 더욱더 전도를 멈추게 했다. 그 결과로 한국 교회는 성장의 동력과 영적 파워를 상실해 가고 있다. 이런 상황에서 저자는 예심전도 훈련을 받고 난 이후부터 행복한 전도사역자로 바뀐 인생을 간증하고 있다.

이 책에서 밝힌 것처럼 저자는 철저히 전도목회를 추구하고 있다. 목회자 자신은 물론 전 성도들과 전도 비전을 공유하면서 실천하고 있다. 그런 의미에서 전도하기를 원하는 성도들에게 좋은 길잡이가 되어줄 것이다.

저자에게 예심전도는 전도의 새로운 패러다임으로 전도의 혁명을 일으킨 일이다. 본서는 하나의 이론서가 아니라 저자의 실제로 체험한 간증서이다. 저자는 전국의 예심전도사관학교를 통해 지속적으로 전도 훈련을 시키고, 교회를 섬기고 세워가고 있다. 더 나아가 그는 전도훈련의 중요성을 강조하며 전도는 훈련을 통해서 가능한 일이라로 고백한다.

전도에 목말라 하는 목회자와 성도들에게 시원한 생수가 될 것이다. 21세기 건강한 교회를 세우고, 전도의 고민을 해결하며 행복한 신앙생활과 목회를 꿈꾸는 사람이라면 꼭 읽도록 추천하고 싶다.

성결대학교 총장
김상식 박사

추천서 3··

예기치 못했던 코로나19 팬데믹의 장기화 현상은 한국교회와 문화에 엄청난 변화를 가져다주었습니다. 교회가 위기 상황을 맞았고, 문을 닫는 교회들이 늘어나고 있습니다. 전도가 멈춰지면서 교회 침체가 가속화 되고 있는 것이 현실입니다. 또한 비대면 문화, 택배문화, 플랫폼 시대로 외부환경이 급속하게 바뀌었으나, 저자는 예심전도를 통해 "위기를 기회로", "걸림돌을 디딤돌로" 바꾸는 사역을 전개하고 있습니다.

나의 소중한 친구이자 자랑스런 동역자인 이주용 목사님은 하나님 앞에서 신실한 목회자이자, 구령의 열정으로 가득한 전도자이자, 대학에서 하나님의 사랑을 불타는 마음으로 전하는 교수입니다. 지금까지 오직 주님만 바라보며 목회를 해왔고, 오직 주님을 위해서 헌신해 왔기에, 주님과 영혼을 향한 뜨거운 마음을 이 책에서 고스란히 느낄 수가 있습니다.

이 책은 예수님의 마음이 가득 풍겨나는 간증으로 독자들을 행복하게 하는 책이 될 것을 확신합니다. 저자가 경험한 고난과 시행착오와 어려움을 진솔하게 표현하므로 독자들이 위로와 용기를 얻게 될 것입니다. 그리고 구령에 대한 열정이 식어졌다면 본서를 통해 도전 받아, 새롭게 시작할 것을 기대합니다.

예심전도는 여러 가지로 탁월성을 갖고 있습니다. 상담 전공자인 추천인으로서 본서의 내용 중에 "상담학적으로 탁월한 전도법"이라는 사실에 눈길을 끌었습니다. 전도현장에서 전도 대상자를 만나 복음을 전할 때 경청, 동감, 질문, 대화법 전도훈련을 시키고 있습니다. 저자의 다양한 사역 현장과 하나님의 소원인 전도를 향한 열정이 많은 독자들에게 큰 울림이 될 것입니다. 평생 전도에 대한 몸부림 속에서 한 우물을 파온 저자의 인생을 보면서 감동을 받았습니다.

이 책을 통하여 한국교회에 전도의 돌풍이 일어나 교회들이 세워지고, 부흥될 것을 기대하며 기쁨으로 이 책을 추천합니다.

성결대학교
파이데이아칼리지 학장
상담학 박사
박기영

프롤로그

　세상은 현기증이 날 정도로 급변하고 있습니다. 자고나면 바뀌고, 눈뜨면 달라져 있습니다. 우리는 미래가 불투명한 불확실성의 시대를 살고 있습니다. 미래에 대한 불안감에 떠는 모습을 봅니다. 코로나19 팬데믹은 이런 상황을 더욱 부채질하고 있습니다. 교회도 위기감을 느끼며 비상사태를 선포해야 합니다. 침몰해 가는 배처럼 한국교회가 성장을 멈췄습니다. 저출산, 고령화 비율이 가장 높은 나라가 되었습니다. 전도하지 않음으로 인해 "영적 저출산의 심화" 현상이 발생하였습니다.

　전도는 이 세상에서 사람들을 가장 행복하게 하는 하나님의 명령입니다. 그러나 전도에 부담을 갖고, 시도하지 않으려고 합니다. 코로나19 팬데믹은 교회 전도의 문을 막았고, 교회의 문을 닫게 하며 침체현상을 심화시켰습니다.
　필자가 예신전도를 만나 훈련을 받은 것은 인생에서 가장 축복된 터닝 포인트가 되었습니다. 인생에 해답을 얻었고, 인생이 행복해졌으며 춤추게 하는 엔돌핀이 되었습니다.

이 책을 통해서 한국교회에 전도의 불이 다시 일어나는 기폭제가 되기를 소망해 봅니다. 필자는 이 책에 이론과 실제가 녹아 있는 내용을 담았습니다. 전국 30여개 예심전도사관학교 지부에서 일일세미나를 인도하고 있으며 (사)예심선교회 부흥강사단 단장과 사무총장으로 사역하며 체험한 것입니다.

부담되고 어려웠던 전도, 힘들었던 전도에 해답을 얻게 될 것입니다. 인생에 해답을 얻고, 행복한 인생, 행복한 목회를 하게 될 것입니다. 교회부흥의 새바람이 일어날 것을 기대합니다.

기성세대의 특징이 있습니다. 변화에 대응속도가 느리다는 것입니다. 새로운 변화에 대한 부정적 견해를 갖고 있습니다. 자기의 고정관념의 틀을 깨지 않으려고 몸부림칩니다. 변화에 대한 거부감과 두려움을 버려야 합니다. 변화를 추구하고, 발전하는 사회의 속도에 발을 맞추어 나가는 노력이 있어야 합니다.

이 책이 나오기까지 훈련시켜 주시고 멘토가 되어 주신 (사)예심선교회 대표 김기남 목사님께 존경과 사랑과 감사의 마음을 드립니다. 그리고 신학적 지도로 이끌어 주신 피드먼트대학의 대표총장 강신권 박사님께도 진정한 감사를 드립니다. 또한 배후에서 기도하며 헌신해 주신 김포예심교회 성도님들께 감사드립니다.

  예심전도훈련의 결과로 코로나 4단계의 상황 속에서 개척을 할 수 있는 용기를 주셨습니다. 개척하면서 기도와 후원을 아끼지 않은 부천예심교회 당회와 모든 성도님들, 그리고 (사)예심선교회에 깊은 감사를 드립니다. 다시 개척을 하면서도 기쁨과 감사로 내조를 해준 아내 주금란 사모와 아빠의 목회를 돕고, 타자와 교정을 봐준 아들 이성은 전도사에게 고마움을 표합니다. 예심전도를 통해 인생을 춤추며 행복한 사역을 하도록 인도해 주신 하나님께 모든 영광과 감사를 올려드립니다.

2023년 2월
김포예심교회
목양실에서
이주용 목사

차례‥

추천서_ 김기남 · 4
김상식 · 6
박기영 · 8
프롤로그 · 11

1부‥ 믿음의 유산

하나님은 없어! 하나님은 죽었어! · 19 / 우상숭배의 가문 · 23 / 어머니의 극적인 회심 · 26 / 어머니의 신앙 · 29 / 방황의 시절 · 33 / 중생의 체험 · 38

2부‥ 부르심과 사명의 길

하나님의 부르심(소명) · 47 / 고학의 길 · 52 / 군목으로 · 56 / 만남의 복 · 60 / 감동적인 세례식 · 64 / 개척 사역으로 · 68

3부‥ IMF를 통과하며

509평의 성전부지 매입 · 75 / IMF를 맞이하며 · 78 / 너는 내 아들이다 · 82 / 그리스도의 은혜 체험 · 86 / 전도에 대한 갈망 · 92 / 전도할 때 피해야 할 것들 · 96 / 영접의 기적 · 101

4부‥ 새로운 사역

미국 방문 · 107 / 미국 대사관 비자사건 · 111 / 미국행 비행기 속에서 · 115 / 미국 사역 · 119 / 딸을 한국으로 보내며 · 124 / 한국으로의 귀국 · 128

5부·· 예심전도

예심전도와의 만남 • 135 / 예심 전도의 개발자 김기남 목사 • 138 / 예심전도훈련 리더십 과정에 입학 • 142 / 훈련을 쉬다 • 147 / 전도하는 목사로 남으라 • 151 / 예심 전도의 탁월성 • 156 / 전도를 잘하려면 • 165

6부·· 예수님의 마음 전도법 5대축

원리편 • 173 / 무기편 • 179 / 훈련편 • 184 / 현장편 • 188 / 시스템 편 • 191

7부·· 코로나 팬데믹(Pandemic) 시기

코로나 팬데믹(Pandemic)을 맞이하다 • 199 / 한국교회의 위기와 대안 • 202 / 예심선교회 본부 사역으로 • 207 / 포기하지 말고 도전하라 • 214 / 블루오션 전략(Blue Ocean Strategy) • 219 / 위기는 기회다 • 223

8부·· 다시 개척의 현장으로

거부할 수 없는 하나님의 인도 • 229 / 여호와 이레의 하나님 • 233 / 3번의 창립예배 • 237 / 예수님의 비우심과 청소전도 • 241 / 40일 작정전도 • 244 / 창립 1주년 기념 예심전도부흥회 • 248

1부

믿음의 유산

1. 하나님은 없어! 하나님은 죽었어!
2. 우상숭배의 가문
3. 어머니의 극적인 회심
4. 어머니의 신앙
5. 방황의 시절
6. 중생의 체험

01
하나님은 없어!
하나님은 죽었어!

"하나님이 어디 있어?
하나님이 계신다면 부모님이 오래 사셔야지!
축복 받아야지!
예수 믿는 가정이 잘 되어야지!
하나님은 죽었어!"

마치 사신신학의 옹호자처럼 소리치며 방황했다.

열심히 신앙생활 하던 어머니가 돌아가셨을 때였다. 필자가 중학교 2학년이었고, 어머니의 나이는 마흔 아홉이었다. 어른들이 아홉수 넘기기가 어렵다는 말을 한다. 아버지도 필자가 초등학교 2학년 때 똑같이 마흔 아홉에 돌아가셨다. 그래서 아버지와의 추억이 희미하여 잘 기억이 나지 않는다. "쯧쯧, 저 집 예수 믿다가 다 망하네." 동네 사람들의 비웃음과 염려 섞인 말이 귓전에 들렸다. 어렸던 나는 신앙에 대한 강한 회의와 반발심을 갖게 되었다. 그리고 결심했다.

"교회는 다시 나가지 않겠다.
다시 교회 나가면 성을 바꾸겠다.
내 손에 장을 지지겠다."

참으로 무지하고 어리석은 생각을 하게 되었다. 그리고 교회를 나가지 않았다.

"어리석은 자는 그 마음에 이르기를 하나님이 없다 하는 도다 그들은 부패하고 그 행실이 가증하니 선을 행하는 자가 없도다(시14:1)."

사람들은 하나님이 눈에 안보이기 때문에 없다고 말한다. 그러나 하나님은 영으로 존재한다. 그렇기 때문에 인간 육신의 눈으로 볼 수 없다. 안보이기 때문에 존재하지 않는다고 단정할 수는 없다. 예심전도 무기 중에 10초 메시지가 있다. 그 중에 '공기 메시지'가 있다.

"하나님을 어떻게 알 수 있나요?"

사람들은 하나님이 안보이니 없는 줄 알잖아요. 그런데 공기가 눈에 안보이지만 숨을 쉬어 보면 있는 것을 알 수 있고요. 전파도 눈에 안보이지만 TV를 켜보면 전파가 있다는 것을 알 수 있어요. 그리고 하나님도 눈에 안 보이지만 하나님을 믿어보면 하나님이 계시다는 것을 알 수 있거든요.

"창세로부터 그의 보이지 아니하는 것들 곧 그의 영원하신 능력과 신성이 그가 만드신 만물에 분명히 보여 알려졌나니 그러므로 그들이 핑계하지 못할지니라(롬1:20)."

필자는 충북 영동에서 태어났다. 내 의지와 상관없이 믿음의 어머니로부터 태어났다. 그것을 '모태 신앙'이라고 말한다. 인생은 내 맘대로 안 된다는 것을 태어날 때부터 경험했다. 필자는 하나님을 만나지 못하고, 교회를 다녔다. 믿음이 없었고, 어머니의 강요에 의해서 "교회에 나가주는 교인"이었다.

어느 주일날이었다. 어머니 몰래 친구들과 가까운 금강으로 갔다. 금강은 참으로 맑고 아름나운 강이다. 그곳에는 조개와 올갱이가 많다. 시간 가는 줄 모르게 신나게 잡았다. 그리고 오후 늦게 집으로 돌아갔다. 먹을 것을 많이 잡아서 가니 어머니가 기뻐할 것이라 생각했다. 그러나 어머니의 반응은 얼음장 같이 차가웠다. 잡아온 조개와 올갱이는 서늘떠 보지도 않았다.

"맞을 만큼 회초리를 꺾어와."

교회에 가지 않은 체벌이었다.
나는 나뭇가지 3개를 가지고 갔다.
종아리에 피멍이 들 정도로 맞았다.
어린 나는 잘 이해가 되지 않았다.
오히려 반항심이 생겼고, 화가 났다.

"주일에 교회 한 번 안 나갔다고 이러실 수가 있나?"

저녁에도 찬송을 부르고, 성경을 읽어야 잠을 잘 수 있었다. 하나님을 만나지 못한 나로서는 하기 싫은 힘든 고역이었다. 어머니가 돌아가시자마자 자유를 찾아 교회를 떠났다. 종교의 억압에서 자유를 얻어 해방의 기쁨을 찾았다.

02
우상숭배의 가문

　필자의 고향은 충북 영동군 심천면 초강리이다. 가난한 가정에서 육남매 가운데 다섯 번 째로 태어났다. 위로 형 한 명과 누나 세 명과 아래로 남동생이 한 명 있다. 할아버지와 할머니는 굿하기를 좋아했다. "굿을 하기 위해 역사적 사명을 띠고 태어난 것 같다고 할 정도였다." 무슨 일이 생기면, 누가 아프면, 무슨 일이 안되거나 사건이 생기면 무당을 불러서 굿을 했다.

　아버지는 전주이씨 효령대군파의 장손이다. 아래로 삼촌 두 명과 고모 한 명이 있다. 일 년에 제사를 13번 정도 지낸다. 추석, 설 명절에도 가난함에도 불구하고 푸짐한 제사상을 차리고 차례를 지냈다. 하나님께서 가장 싫어하는 우상숭배의 가문이었다. 십계명 중에 제 1,2계명이 시내산 언약으로 주셨다.

> "너는 나 외에는 다른 신들을 네게 두지 말라. 너를 위하여 새긴 우상을 만들지 말고 또 위로 하늘에 있는 것이나 아래로 땅에 있는 것이나 땅 아래 물속에 있는 것의 어떤 형상도 만들지 말며 그것들에게 절하지 말며 그것들을 섬기지 말라(출 20:3-5)."

필자는 어릴 때에 샤머니즘과 무속신앙을 보면서 자랐다. 동네에 큰 고목나무 아래에 촛불을 켜고, 떡을 펼쳐 놓고, 명태 아가리에 돈을 찔러 넣은 후에 "비나이다, 비나이다." 하면서 절하는 모습을 자주 보았다. 정월대보름이 되면 뒷산의 산신령에게 산제사를 드렸다. 이것은 동네 전체의 큰 행사였다. 떡을 시루채 엎어 놓는다. 촛불을 켜놓고, 명태 아가리에 더 많은 돈을 끼운다.

필자가 고등학교 때의 일이다. 산제사를 지내기 전에 먼저 산에 올라가서 제사 지내는 장소 윗 쪽에 친구들과 숨었다. 그리고 제사가 끝나고 제주들이 내려가기가 무섭게 떡을 취하려 쏜살같이 내려갔다. 떡과 돈을 줍기 위해서였다. 산제사를 하는 장소 위에 숨어서 있으면 제주들이 우리를 향해 절하고 있었다. 참으로 어리석고, 어이없는 일이었다. 이상하고 큰 바위 앞에서도 절하고 복을 달라고 빌었다.

 뒷간(화장실)에도 귀신이 있다고 해서 저녁이 되면 뒷간 가기가 무서웠다. 잠자는 방에서 뒷간까지는 넓은 마당을 지나서 가야했다. 캄캄한 밤에는 무서워서 형과 누나를 깨워서 함께 갔다. 볼 일을 보는 동안 문 앞에서 보초를 서게 했다. 갔는지 안 갔는지 볼일을 보면서 형과 누나를 불렀다. 저녁에 상여집과 공동묘지를 지나가기 무서웠다. 귀신들이 활개 치는 세상을 살았다. 물론 귀신들은 지금도 존재하고 있다. 그러나 지금은 예수 이름으로 귀신의 세력을 이미 이겼다. 믿음을 갖게 되므로 무서움에서 벗어났다.

03
어머니의 극적인 회심

　필자가 태어나기 전에 어머니는 돌아가실 중한 병에 걸렸다. 가난해서 큰 병원에 갈 수가 없었다. 죽기만을 기다리는 상황이었다. 할아버지와 할머니는 굿하기를 좋아했다. 어머니가 많이 아프니 주특기인 무당을 불러서 굿을 할 계획을 세웠다고 한다. 굿하기로 결정된 날 아침에 무당이 왔다. 그런데 환자가 전날에 사라지고 없었다. 전날까지 거의 거동도 못하고 누워있던 어머니였다.

　무당은 동네 친척들을 풀어서 찾게 했다. 한참 주문을 외우더니 "금강변의 미루나무 숲에 가보라"고 했다. 그러나 아무리 찾아도 환자는 보이지 않았다. 무당이 실력이 없었는지, 영빨이 동이 났는지 당황한 기색으로 점심 무렵이 되어 돌아갔다. 거의 움직이지도 못하던 환자인 어머니가 어디 있을까? 걱정이 되어 친척들이 찾았다고 한다. 점심때가 지나서 초강 구세군교회 사관 내외가 어머니를 모시고 집으로 왔다.

하나님께서 행하신 놀라운 일이었다. 어머니의 말을 들어보았다. 새벽이 되었다. 교회 새벽기도회를 알리는 종소리가 "이리 오너라, 이리 오너라, 이리 오너라" 소리로 어머니 귀에 들렸다고 한다. 어머니는 기면서 초강리 구세군교회로 갔다. 새벽예배 때도 누워있었다. 아침, 점심에 죽을 끓여 주면서 담임사관이 간절히 기도해줬다. 하나님께서 굿을 피하게 했고, 구원의 때를 허락하셨다.

그때부터 교회에 출석하게 되었다. 믿음을 갖게 되었고, 은혜를 사모하며, 기도에 힘썼다. 기적 같이 하나님께서 치유해 주셨다. 건강이 회복되어 필자를 낳았다. 그래서 필자는 "모태 신앙인"이 되었다. 내 의지와는 상관없이 하나님의 은혜로 결정되었다. 초강리는 전주이씨 친척들의 집성촌이다. 어머니가 교회에 나가기 시작하면서 핍박이 시작되었다. 제사를 폐하고, 예배를 드리면서 더 큰 핍박이 찾아왔다. 그 동네에 더 이상 살 수 없었다.

필사가 두 살 때 80여리 떨어진 곳으로 이사를 갔다. 그곳이 필자가 고등학교 때까지 자란 충북 옥천군 안내면 신촌리이다. 지금은 대청댐 건설로 수몰지역이 되어서 이주하게 되었다. 어머니는 교육을 제대로 받지 못했기 때문에 한글을 읽지 못했다. 그러나 신앙생활을 하면서 하나님이 지혜를 주셨다. 글을 터득하여 성경을 많이 읽었다. 필자는 어머니를 우리가문에 믿음의 조상 아브라함이라고 생각하고 있다.

　필자가 중학교 2학년 때인 49세에 소천하셨으나 믿음의 유산을 물려 준 것을 생각할 때 눈물이 앞을 가린다. "가장 존경하고 사랑하는 어머니!" 어머니는 마지막 순간 필자의 손을 잡았다. 그리고 유언했다. "예수님 잘 믿어야 한다." 하면서 눈을 감으셨다. 이 글을 쓰는 내 눈에는 지금도 눈물이 흐르고 있다. 어머니의 유언처럼 "예수님을 잘 믿어야 하는데…" 때로 그렇지 못한 자신의 모습을 보면서 회개하며 어머니를 그리워한다. 천국에 가면 제일 먼저 기쁘게 만날 날을 소망으로…

04
어머니의 신앙

  어린 나이에 어머니가 돌아가셨다. 그리고 세월은 많이 지났으나 생각나는 것이 있다. 어머니는 가난한 중에서도 십일조와 헌금생활을 철저히 했다. 정성껏 최선을 다하는 모습이 생생하게 기억난다. 토요일에는 주일에 드릴 헌금을 다리미로 다리는 모습을 볼 때가 많았다.

  몸이 많이 아파서 움직이지 못하기 전까지 새벽기도를 빠지지 않았다. 맛있는 음식, 농사지은 것 중에 가장 좋은 것, 첫 열매는 교회 담임전도사에게 갖다 드리게 했다. 그 심부름을 내가 많이 했다. 그리고 주일에는 일도 못하게 했고, 예배에 빠지면 큰일 났었다. 현재 구세군 사관인 누나의 증언을 통해 어머니의 신앙을 엿볼 수 있었다.

"어머니는 바느질을 잘했다. 장례가 나면 자기 일처럼 수의를 지어주고, 동네에 궂은 일을 도맡아 했다." 예수님께서 사람의 몸으로 오셨다. 섬김의 삶을 사신 것처럼 어머니의 신앙은 낮은 자세로 섬기는 삶을 살았다. 처음에 이사 갔을 때 동네에서 예수 믿는 집이 우리 밖에 없었다. 그러기에 더 빛 된 생활을 해야 했다. 구설수나 비난의 대상이 되어서는 안 되었기 때문이다. 너무 가난 했기에 안내면에 오일장이 서면 상추, 깻잎, 고사리를 뜯어서 보따리에 싸가지고 노점 장사를 했다.

그러나 주일이 되면 항상 흰 치마, 저고리에 흰 두루마기를 입었다. 머리에는 비녀를 꽂고 나가면 "천사가 나간다"고 동네 사람들이 말했다고 한다. 꽃나무를 좋아해서 집안에 많이 가꾸었다. 내가 그 유산을 이어 받은 것 같다.

충청북도 옥천군 안내면 소재지에 있는 안내성결교회에서 신앙생활 하고 있는 이종자 권사의 증언을 들어 보았다.

"어머니의 성품은 온화했다. 남에게 싫은 소리 안하고, 법 없이도 사실 분이다. 올바르고 정직하셨다. 이종자 권사는 영흠한 법사의 딸이었다. 그런데 어머니와는 "형님! 형님!" 하면서 늘 가까이 지냈다. 하루는 "나 교회 가고 싶으니 형님 교회 데리고 가줘요."라고 했다. 그때 어머니가 "나 외삼촌에게 맞아 죽는다."라고 하면서도 가정예배로 초대했다. 이종자 권사는 아버지 몰래 예배에 참석하였다. 어머니는 떡을 해주며, 사랑으로 품어주며, 교회로 인도했다.

이종자 권사는 법사인 아버지에게 맞아 가면서 교회를 다녔다. 그러다가 부흥회에 참석하여 큰 은혜와 성령체험을 하게 되었다. 성령의 돌파로 모든 핍박을 이길 수 있었다. 법사인 아버지도 자식이 없는 셈치고 내버려 두었다. 이종자 권사는 어머니를 영원히 잊지 못한다고 했다. 그리고 "천국에 가면 가장 먼저 보고 싶은 형님!"을 그리워했다.

지난해에 쌀과 고구마를 택배로 보내 주었다. 그리고 직접 재배한 옥수수를 보내와서 예비신자(전도대상자)와 성도들이 나누어 먹었다. 이종자 권사처럼 지금도 구원 받을 영혼들은 숨겨져 있다. 구원에 갈급한 영혼이 숨겨져 있다, 이런 예비된 영혼을 만나면 전도는 저절로 된다. 전도는 쉽고, 되어지는 것을 경험하게 될 것이다. 예심전도에서 이런 어록이 있다.

> "소풍 같은 전도! 전도는 보물찾기!"
> "나가면 있고, 안 나가면 국물도 없다"
> "전도 안에 다 있다"

전도는 성령님이 하시는 하나님의 사역이다. 그리고 구원의 때가 있다. 구원 받기로 작정 된 영혼을 만나 복음을 전하는 것이다. 그럴 때 하나님께서 전도의 열매를 맺게 한다.

어머니의 신앙 유산은 자녀들에게 전수되었다. 믿지 않던 형 내외도 집사 직분을 받았다. 매형과 누나는 구세군 사관(목사)으로 목회사역에 승리하고 은퇴했다.

동생 부부는 대전새희망교회(담임 최종현목사)장로와 권사로 충성스럽게 헌신하며 믿음 생활을 잘하고 있다.

어머니의 눈물의 기도와 뿌린 믿음의 씨앗이 자녀들을 구원하는 복을 받았다.

05
방황의 시절

　필자는 부모님이 돌아가신 후에 교회를 떠났다. 그리고 신앙의 길과는 정반대의 길을 걸었다. 신앙을 강요하는 어머니가 안 계셔서 자유를 얻은 것이다. 내 맘대로 할 수 있었다. 그러나 중학교 2학년 때부터 고등학교 3학년 때까지 방황의 시절이고, 혼란의 시기였다.
　성격이 소심 플러스 극 소심 A형이다.
　A형은 소세지형이라고도 한다.
　"소심하고 세심히고 지릴 같은 성격"이라고 한다.
　나 자신의 속을 표현하지 못했다. 두 사람 앞에서 말을 하지 못했다. 말하려면 수줍어서 얼굴이 붉어졌다. 자신감도 없었고, 다른 사람 앞에 나서기를 싫어했다. 이런 내성적인 내 자신이 미웠고, 열등의식은 나를 더 짓눌렀다.

"나는 못났다, 나는 못 생겼다. 우리 집은 왜 이렇게 가난할까? 나는 왜 부모가 없을까?"

나라는 존재가 부담스러웠다. 다른 사람과 비교하며 더 좌절감에 빠져 들어갔다. 외모적으로 키가 작았다. 고등학교 1학년 때까지 학급에서 1, 2번을 고수했다. 새 학기가 시작되면 선생님은 키순서대로 학생들을 세웠다. 그리고 가장 작은 학생이 1번이었다. 키 순서대로 번호를 정해줬다. 키가 큰 아이는 뒷 번호로 뒷자리에 앉았다.

새 학기가 되어 책을 나누어 줄 때 속상한 일이 자주 있었다. 책을 묶음으로 포장해서 온다. 맨 위의 몇 권은 구겨져 있다. 노끈으로 단단히 묶었기 때문이다. 담임선생님이 지혜롭지 못한 분이 있었다. 그대로 풀어 놓고 1번부터 나누어줬다. 국어책도 구겨져 있고, 산수책은 찌그러져 있고, 사회도 자연도 노끈으로 묶인 자국 있는 것을 받았다. 너무 기분이 나빴다. 속으로 선생님을 미워했다. 키가 작은 것도 서러운데 책까지 구겨진 헌책 같은 것을 받다니...

새 책 받는 새 학기를 우울하게 시작할 때가 많았다. 세월이 지나 용감하게 건의했다. "책을 섞어서 나눠주었으면 좋겠습니다." 맘 좋고 지혜로운 선생님이 건의를 받아드렸다. 그

때에는 새 책을 받았다.

새 마음이 되고, 새 사람이 되며, 새 책을 받는 것이 너무 중요함을 느꼈다. 나중에 예수님을 구주로 영접하고, 새 사람이 된 후에 그 기쁨을 무엇으로도 표현할 수 없었다.

"그런즉 누구든지 그리스도 안에 있으면 새로운 피조물이라 이전 것은 지나갔으니 보라 새 것이 되었도다(고후5:17)."

새 것은 좋다. 새 마음, 새 출발, 새해, 새 신발, 새 옷, 새 집, 새댁 ….
항상 새롭게, 새롭게 되길 사모하고 있다.

"너희는 유혹의 욕심을 따라 썩어져가는 구습을 따르는 옛 사람을 벗어 버리고, 오직 너희의 심령이 새롭게 되어 하나님을 따라 의와 진리의 거룩함으로 지으심을 받은 새 사람을 입으라(엡4:22-24)."

청소년 시절의 방황한 이유 중에 하나는 가난 때문이었다. 목사가 돼서 고창을 방문한 적이 있었다. 뒷집에 사는 아저씨를 만났다. 그런데 어머니가 살아계실 때 내가 한 부끄러운 행동을 말해줬다. 어머니에게 학교에 낼 기성회비를 달라고 했다. 너무 가난해서 줄 돈이 없었던 모양이다. 그때에 내가 지게 작대기로 초가집 마루에 있는 기둥을 지면서 이렇게 소리쳤다고 했다. "학비도 못 주면서 왜 낳았어?" 이 때 어머니의 마음은 얼마나 아프셨을까? 불효자식 중 불효자식이었다.

나는 기억도 안 나는데 뒷집 아저씨는 잊어버리지도 않고, 지금까지 기억하고 있었다. 그랬던 꼬마가 목사가 되었다고 대견해 했다. 하나님을 만난 은혜였다. 하나님을 만나지 못했으면 인생을 포기했을 것이다. 중, 고등학교가 방학을 하면 친구들과 어울려 술을 마셨다. 밤늦게까지 노래하며 춤을 췄다. 70년대 유행가를 섭렵하면서 불렀다.

1977년 대학가요제 대상을 받은 노래가 있다 "나 어떻게"이다. 대학생그룹이 불렀다.

> 나 어떻게
> 나 어떻게
> 나 어떻게
> 나 어떻게….

해답이 없는 인생, 출구가 안 보이는 인생, 방황하는 내 인생의 모습을 표현한 노래 같았다. 아버지는 술병으로 돌아가셨다. 초등학교 1-2학년 때 늘 아파하시던 모습만 생각난다. 아버지의 술 먹는 기운이 유전적으로 나에게 내려 왔던 것 같다. 친구들과 같은 양의 술을 마셔도 나는 잘 취하질 않았다. 갈등과 어려운 현실을 잊으려고 술을 마셨다. 소리치며 노래했다. 술에 취하면 겁나는 것이 없었다. 그러나 술이 깰 때쯤이 되면 공허와 허탈감에 더욱 큰 괴로움이 몰려왔다. 술 먹고 자살하려고 금강에 뛰어 들었다. 하나님께서 불쌍히 여기셔서 사람을 통해 건져주었다. 나무에 목을 메어 죽으려고 뒷산으로 올라가기도 했다.

방황하던 인생이 해답을 찾았다. 하나님이 내게 찾아와 주셨고, 내 마음 문이 열려 예수님을 구주로 영접한 것이다. 수학문제가 아무리 어려워도 공식을 알면 답을 알 수 있다. 그리고 성경 속에 답이 있음을 알게 되었다. 그 후에 전도훈련을 받으며 행복한 전도자로 살게 되었다.

고등학교 졸업 시
둘째 누나와 매형

06
중생의 체험

 고등학교 3학년 마지막 달이 되었다. 진로를 놓고, 많은 고민과 갈등을 하고 있었다. 고등학교 졸업이 가까이 왔기 때문이다. 그때까지도 방황은 계속되었다. 그러나 이런 나에게도 하나님의 은혜의 손길이 서서히 다가오고 있었다. 하나님의 구속의 섭리는 역사하고 있었다.

 "하나님은 모든 사람이 구원을 받으며 진리를 아는데 이르기를 원하시느니라(딤2:4)."

 "하나님이 세상을 이처럼 사랑하사 독생자를 주셨으니 이는 그를 믿는 자마다 멸망하지 않고 영생을 얻게 하려 하심이라(요3:16)"

구세군사관(목사)으로 목회를 하던 매형(정만용사관)과 누나(이주복사관)를 만날 때마다 신앙생활에 대한 권유가 있었다. 전도를 받을 때는 "나가겠습니다" 라고 대답을 했다. 그러나 머뭇거려졌고, 용기가 나지 않았다. 고등학교 3학년 11월이 되면서 어머니가 다니던 안내성결교회에 몇 번 출석하였다. 그런데 예배시간에 20여리 떨어진 산골교회에서 부흥회를 한다는 광고를 듣게 되었다. 그 교회 이름은 '용촌교회'였고, 동네이름이 용촌리였다.

부흥강사가 서울에서 온다고 했다. 그 광고를 듣는 순간 밧줄로 잡아매어 그곳으로 끄는 느낌이 들었다. 왠지 가고픈 생각이 간절했다. 그것이 하나님의 인도였고, 은혜였다. 성령님의 강권하심이 있었다. 다음날 아침이 되었다. 눈보라가 쌩쌩 몰아치는 매우 추운 날씨였다. 그러나 추위를 뚫고, 산을 넘어 교회에 도착했다. 용촌교회는 산골교회로 작은 교회였다. 성도들도 적었다. 건물도 지은 지 얼마 되지 않았다. 외부 페인트칠도 내부 인테리어도 못한 상태였다. 콘크리트 바닥 위에 멍석을 깔았다. 그 위에 방석 하나씩 주어 앉게 했다. 난방도 제대로 안 돼서 실내 공기도 차가웠다.

오전과 저녁 부흥회에 참석했다. 그리고 하룻밤을 잤다. 둘째 날 새벽 시간이 되었다. 이날은 내가 구원의 확신을 갖게 된 최고 축복의 날이다. 1976년 2월 6일 새벽이었다. 하나님이 계시다는 사실이 믿어진 기적이 일어난 날이다.

새벽부흥회가 끝나고, 호야 불 두 개 켜고, 불을 껐다. 참석자들이 강사의 인도에 따라 소리치며 기도하기 시작했다. 그때까지 나는 기도를 잘 할 줄 몰랐다. 감아야 할 내 눈을 떠서 기도하는 사람들을 구경했다. 모아야 할 두 손은 팔짱을 끼고 있었다. 내 눈에 비친 사람들의 모습을 보고 있었다. 두 손을 높이든 사람, 눈물 흘리며 소리치며 기도하는 사람, 팔딱 팔딱 뛰는 사람, 두 손을 흔드는 사람…그런데 안내성결교회에서 함께 갔던 주일학교 여선생이 기도하는데 한국말이 아니었다. 알아들을 수 없는 말로 기도했다. 신기했고, 호기심이 생겼다. 한편 내 마음 속에 왜들 저러나! 의문의 감정이 생기기 시작했다.

"하나님이 정말 계신가?"

그 순간 마음속으로 스쳐 지나가는 강한 생각이 있었다.
"하나님! 정말 계세요? 계신다면 저 좀 만나주세요."라는 마음이 불현 듯 강하게 지나갔다. 그 순간 나는 그 자리에 "주여!"하며 천둥치는 듯한 부르짖음과 함께 엎드려졌다. 그리고 나의 입이 열렸다. 내 마음 속에 있는 과거의 죄악들이 슬라이드 필름이 돌아가듯 하나씩 하나씩 스치고 지나갔다. 그 자리에서 "나는 죄인이 아니다."라고 말할 사람은 세상에 한 사람도 없을 것이다. 죄를 고백하며 통회하며 회개했다. 나의 눈에는 눈물이 홍수같이 흘렀고, 코에서는 주책없는 콧물이, 이마와 온 몸에는 흐르는 땀으로, 목을 쉴 때로 쉬고, 몸부림과 발버둥 치는 모습은 흡사 미친 사람과 같았다.

 5시 30분경에 엎어져서 회개했다. 일어나 눈을 뜨니 오전 8시가 다 되었다. 그 때 내 몸은 내 몸이 아니었다. 전에는 2-3분도 기도를 못했다. 믿음이 없고, 하나님을 만나지 못했기에 기도 자체가 우스워보였다. 회개의 체험 후에 일어나 보니 10분도 안 지난 느낌이었다. 성령님의 강력한 임재의 결과였다. 입에서는 전에 없었던 감사와 찬송이 저절로 나왔다. 지금까지 믿어지지 않았던 하나님, 원망했던 하나님, 없다고 했던 하나님이 믿어졌다.

 "정말 하나님은 계십니다. 예수님께서 나의 죄 때문에 십자가에 죽으시고 부활하신 것을 믿습니다."

 신앙의 고백이 터져 나왔다.

 "주는 그리스도시오 살아계신 하나님의 아들이시니이다(마16:16)"

베드로의 고백이 필자의 고백이 되었다. 내 마음 깊은 곳에서는 전에 맛볼 수 없었던 참 평안이 넘쳐났다. 전에 보았던 사물과 사람이 아니었다. 눈이 바뀌고, 마음이 바뀌었다. 사람과 사물을 볼 때 무어라 형언할 수 없는 황홀함과 아름다움으로 가득 차 있었다. 사랑스러워 보였다. 걷는데도 구름 위를 걷는 것 같았다. 큰 기쁨이 솟아올랐다. 소망이 생기고, 확신이 생겨났다. 살아야 할 희망이 솟아올랐다. 중생의 축복을 받은 것이다.

2부

부르심과 사명의 길

1. 하나님의 부르심(소명)
2. 고학의 길
3. 군목으로
4. 만남의 복
5. 감동적인 세례식
6. 개척사역으로

01
하나님의 부르심(소명)

용촌교회 부흥회는 필자의 인생을 180도로 바꾸어 놓았다. 내가 없다던 하나님이 정말 계셨다. 하나님의 살아계심을 믿게 되었고, 죄를 용서 받은 기쁨에 감사가 저절로 나왔다. 구원의 확신을 갖게 했다. 기도생활에 불이 붙었다. 새벽기도회에 나가 2-3시간씩 기도하게 은혜를 주셨다. 예배생활에 빠지지 않고 참석했다. 낮에는 형수와 농사일을 했다. 그리고 새벽에 못 일어날까봐 저녁 늦게 예배당으로 갔다. 시골교회로 의자는 없고, 바닥에 방석을 깔고 예배를 드렸다. 그런데 본당에 들어가면 가로막과 긴 의자가 하나 있었는데 이 의자는 나의 침대였다. 이곳에서 자다가 새벽기도회에 나오는 성도들의 발소리에 일어나서 함께 새벽 예배를 드렸다. 그리고 개인기도 하다가 입이 열려서 방언의 은사를 받았다. 부르짖어

기도할 때 위로부터 불덩어리가 내려와서 필자의 가슴을 쳤다. 실제적인 뜨거움을 느끼면서 엎어지고, 데굴데굴 구르기도 했다. 개인적인 신앙체험을 한 것이다.

기도할 때 신학에 대한 부르심의 감동이 밀려왔다. 깜짝 놀라 거부했다. 저 같은 사람이 어떻게 신학교를 갈 수 있나? 말도 잘 못하고, 성격도 나쁘고 소심한데, 가정 형편도 안 되고, 집에서 형과 형수가 찬성 할 리가 없었다. 형은 그 당시 공무원 생활을 하고 있었다. 그래서 나에게도 공무원 시험을 봐서 안정된 직장을 잡길 원했다. 그런데 호적 나이로 두 살이 줄었다. 출생신고를 늦게 한 것이다. 공무원 시험을 볼 수 있는 나이가 되지 않아 준비 중에 있었다. 담임목사와 성도들이 "이 선생은 신학 가야해"라는 권면을 자주 받았다.

하나님의 부르심은 다양한 곳에서 나타났다. 기도할 때도 그 부르심을 감동으로 계속 받았다. 더욱이 신학교에 가기 싫은 이유가 있었다. 매형과 누나가 구세군 사관으로 목회를 하고 있었다. 어려운 구세군교회에 부임하여 사역했다. 그러다가 교회가 부흥하면 예배당 건축을 했다. 방문해서 보면 어려운 생활을 하고 있는 것이 느껴졌다. 은퇴예배 때에 가서보니 평생 5개 예배당을 신축하고, 한 곳의 사택과 교육관을 건축했다고 순서지에 나와 있었다. 교회건축을 하면서 얼마나 많은 희생을 했을까? 얼마나 많이 어려웠을까? 하는 생각을 하게 되었다. 그런데 은혜로 세 자녀 모두가 목회자의 길을 걸으며, 사역을 하고 있다. 하나님의 놀라운 은혜와 축복이 아닐 수 없다.

매형과 누나를 보면서 "필자는 돈 많이 벌어 헌금 많이 하고, 교회와 목사님들을 섬기게 해주세요." 이런 기도를 하게 되었다. 여러 가지 핑계로 결단을 내리지 못하고 있었다. 그러나 기도할 때마다 늘 걸리는 부분이었다. 하나님의 부르심은 사람이 막을 수 없다. 순종해야 한다. 순종은 **빠를수록 좋다**. 불순종하면 할수록 고통이 온다. 요나는 하나님의 부르심과 사명 주심을 불순종했다. 니느웨로 가서 구원을 외치라고 했다. 그러나 요나는 여호와의 얼굴을 피하여 다시스로 가는 배를 탔다.

"여호와께서 큰 바람을 바다 위에 내리시매 바다 가운데에 큰 폭풍이 일어나 배가 거의 깨지게 된지라"(욘 1:4)

이 재앙이 누구로 말미암아 왔는지 제비를 뽑았다. 제비가 요나에게 뽑혔다. 그리고 자기를 들어 바다에 던지라고 했다.

"그가 대답하되 나를 들어 바다에 던지라 그리하면 바다가 너희들

> 위하여 잔잔하리라 너희가 이 큰 폭풍을 만난 것이 나 때문인 줄을
> 내가 아노라 하니라."(욘 1:12)

요나를 들어 바다에 던지매 바다가 잔잔해졌다. 요나는 큰 착각을 했다. 여호와의 얼굴을 피할 줄로 착각했다. 하나님이 주신 사명을 피할 줄로 착각했다. 그러나 하나님의 긍휼하심과 인내하심은 계속 되었다. 요나가 물에 던져졌을 때, 큰 물고기를 준비하여 요나를 삼키게 했다. 그리고 물고기 뱃속에서 요나의 생명을 보호해주셨다. 하나님의 부르심에 응답하는 것은 최고의 축복이다. 주어진 사명을 감당하는 것은 최고의 인생을 사는 것이다.

하나님의 부르심에 대한 결단을 위해서 대전영주기도원으로 향했다. 이 기도원은 지금 서울중앙교회(오성택 목사)에서 운영하고 있다. 일주일을 금식하며 기도했다. 그런데 설교 말씀 중에 확신의 결단을 내리게 했다. 하나님께서 속 시원하게 "너 신학교 가라"하셨으면 얼마나 좋았을까? 이런 것은 없고, 다음의 말씀이 신학교를 가라는 하나님의 음성으로 들렸다.

> "두려워하지 말라 내가 너와 함께 함이라 놀라지 말라 나는 네 하
> 나님이 됨이라 내가 너를 굳세게 하리라 참으로 너를 도와주리라
> 참으로 나의 의로운 오른손으로 너를 붙들리라"(사 41:10)

할렐루야! "하나님의 부르심에 순종하겠습니다." 결단하고, 신학교에 입학시험을 볼 준비를 하게 되었다.

02
고학의 길

　신학교에 입학하기 전에는 안내성결교회에 출석했다. 이 교회는 충북 옥천군 안내면 현리에 위치해 있다. 예수교대한성결교회 교단에 소속으로 되어 있다. 교단 소속신학교로 "성결교 신학교"가 있다. 故김응조 박사가 세운 학교다. 지금도 서울의 행촌동 높은 곳에 위치해 있다. 정규대학은 아니었으나 4년제 대학 학력인정학교였다. 졸업 후에 실력이 있으면 어떤 대학원이라도 갈 수 있었다. 시험에 응시하게 되었고, 합격증을 받았다. 그러나 서울에 있을 곳이 없었다. 집을 얻을 형편이 못 되었다. 당장 입학금과 등록금을 염려해야 할 상황이 되었다.

"아무것도 염려하지 말고 다만 모든 일에 기도와 간구로 너희 구할 것을 감사함으로 하나님께 아뢰라 그리하면 모든 지각에 뛰어난 하나님의 평강이 그리스도 예수 안에서 너희 마음과 생각을 지키시리라"(빌 4:6-7)

하나님의 말씀을 붙잡고, 염려를 떨쳐 버리려고 했다. 그리고 신학교에 합격했으니 감사함으로 기도했다. "여호와 이레"의 하나님께서는 모든 것을 준비하시고, 입학하게 했다 . 입학금과 등록금은 안내교회와 어느 권사님을 통해 주셨다. 그리고 서울에 있을 곳은 최종인 목사(현재 평화성결교회 담임)가 혼자 자취하는 방으로 가게 되었다. 그 당시 안내성결교회 담임 최종대 목사의 동생이다. 라면 박스 하나와 가방 한 개를 챙겨서 서울행 기차를 탔다.

형은 "공무원 시험이나 봐서 직장이나 다니지…" 이해를 못했다. 이때까지 형이 교회를 다니지 않았기 때문이다. 떠나기 전에 형에게 이렇게 말했다. "스스로 고학해서 신학교를 다니겠습니다." "염려하지 마세요, 하나님이 도와주실 것입니다." 독립을 선언했다. 신학교 4년 동안의 고학은 어려운 상황이었다. 학비와 생활비를 스스로 벌어야 했다. 학비는 장학금을 받아 해결해야겠다는 생각이 들었다. 시험을 앞두고 밤새워 공부했다. 공부를 안 하면 안 되는 상황을 주신 하나님께 감사했다. 장학금을 못 받으면 다음 학기 등록을 못하니 절박할 수밖에 없었다. 하나님의 은혜로 거의 매학기 성적장학금, 임원장학금을 받았다. 그 결과 졸업 때 야간부 최우수상과 공로상을 받았다. 당시에 고척동에 있는 대신성결교회 고등부 담당교역자로 사역했다. 교회에서 사역비를 받고, 낮에는 초등학생들 수학과외를 통해 생활비를 충당했다.

그러던 중에 함께 자취생활 하던 최종인 선배가 졸업하여 다른 교회로 떠났다. 홀로 자취방에 남게 되었다. 방세를 감당할 수 없어서 작은 방으로 옮겼다. 주인이 같은 권사였다. 신정동 칼산에 있는 집이었다. 보증금도 없고, 월세가 만원이었다. 좁고 긴 자취방이었다. 둘이 마주 보고 앉으면 무릎이 닿을 정도였다. 산동네 판자촌의 집과 집 사이를 막아서 방을 만들었기 때문이다. 연탄을 떼는데 꺼뜨리기를 밥 먹듯 했다. 어떤 때는 생활비가 부족해 한 주간에 1-2끼 라면으로 버틴 적도 있다. 고생 같으나 천국과 같이 행복했다. 한 학기를 마칠 때마다 감사의 눈물을 흘리며 하나님의 인도에 감사드렸다. 지금도 그때의 영성이 회복되었으면 하는 생각을 하곤 한다.

1988년도 개척해서 성전 부지를 구입하고, IMF를 만났다. 많은 부채로 교회가 큰 어려움 속에 있었다. 사례비를 받지 못하는 상태였다. 이 때 자취방 집 주인이던 김홍진 권사의 전화를 받았다. 반가웠다. 인사드리고 자주 찾아뵙지 못해 죄송하다고 인사를 했다. 그런데 김 권사는 이렇게 말했다. "목사님 죄송해요. 제가 그 때 철이 없어 전도사님에게 월세를 받았어요. 계좌번호를 주면 그 때 받은 월세를 송금해 드릴께요."라고 했다. 아니라고, 괜찮다고 말씀드렸다. 그러나 너무나도 간곡한 말에 거절할 수가 없었다. 너무 어려웠기 때문에 속으로는 기쁘고 감사했다.

사람은 철이 들 때 다른 사람을 생각하며 베풀고 배려하는 모양이다. 계좌번호를 알려주었더니 모든 월세를 보내주었다. 하나님께서 모든 것을 아시고, 보시고, 꼭 필요할 때 보내주셨다. 하나님의 공급하심으로 신학교를 졸업하게 되었다. 졸업할 무렵에 서울 화곡동에 있는 강서성결교회 전임전도사로 부임하여 새로운 사역을 시작하게 되었다.

전도사 시절
수련회 사진

03
군목으로

　중, 고등학생 때 어른들이 이렇게 묻는다. "너 커서 뭐 될래?" 장래의 꿈에 대한 질문이다. 나는 고등학교 다니면서 커서 되고 싶은 마음의 소원이 세 가지가 있었다. 학교선생, 군인장교, 목장주가 되고 싶은 꿈이 있었다. 한 가지도 아니고, 욕심이 많았던 것 같다. 그러나 대통령이니, 장관이니, 판사니, 의사니 하는 꿈에 비하면 소박한 바람이다. 그것은 내 상황과 처지를 알기 때문이었던 것 같다. 가난한 시골의 고등학생으로 대학진학에 대한 꿈도 못 꿀 형편이었다. 고등학교까지 나온 것만으로도 감사해야 했다. 그러나 하나님은 우리 마음에 소원을 두고 행하신다.

"너희 안에서 행하시는 이는 하나님이시니 자기의 기쁘신 뜻을 위하여 너희에게 소원을 두고 행하게 하시나니."(빌 2:13)

인생을 돌아보니 이 모든 소원이 이루어졌다. 하나님을 만나고, 하나님께서 내 꿈을 다 이루어주셨다. 인생을 포기하고, 절망 속에 자살을 두 번이나 시도했던 내가 하나님을 만나 희망을 갖게 되었다. 도전하게 되었다. 목표를 갖고, 기도했다. 좋으신 하나님, 복의 근원 되신 하나님, 우리 기도에 응답하시는 하나님, 선한 길로 인도하시는 하나님을 체험했다.

첫째는 학교선생이 되었다.

교회 주일학교에서 가르치고, 구역예배 때 가르치고, 성경공부반을 통해서 가르치는 선생이 되었다. 또한 교단 교육기관인 성결교 신학교 교학처장으로 4년간 신학생들을 가르치는 복을 주셨다. 현재도 성결대학교 외래교수로 강의하고 있다. 현대인과 기독교, 현대인과 성경이라는 교양필수과목을 일반학부 학생들을 대상으로 가르치고 있다. 복음을 전하는 전도의 현장이다. 해피처치로 행복하고 감사한 사역을 하고 있다.

두 번째는 목장주이다.

강단목양을 통해 어린양을 먹이고, 치는 목사로 축복을 빈았다. 실재로 목장주가 되기 위해 시도한 때도 있었다. 낙농업의 선진국인 덴마크를 국비장학생으로 가려고 도전했었다. 그 무렵이 신학교의 부르심과 같은 시기였다. 하나님은 국비장학생으로의 길을 막으시고, 신학교에 입학하도록 인도해 주셨다.

세 번째는 군인장교가 되고 싶었다.

제복 입은 군인을 보면 너무 멋져보였다. 굉장히 부러웠다. 사관학교 생도나 제복 입은 장교들을 보면 한참동안 넋을 놓고 보았다. 이런 내 마음의 소원을 하나님은 보고 계셨다. 국방부에서 선발하는 군목요원시험에 지원하게 되었다. 어려운 시험이었고, 경쟁도 치열했다. 그때까지 병역연기 신청을 한 상황이었고, 나이가 28살이었다. 결혼하여 아내가 임신을 한 상태였기 때문에 사병으로 가면 아내가 혼자 고생할 생각을 하니 앞이 캄캄해졌다. 이런 상황을 긍휼히 보신 하나님께서 군목요원 시험에 합격시켜주셨다. 부족하고, 실력 없는 나를 하나님께서는 항상 좋은 길로 인도해 주고 있었다.

기초군사 훈련을 위해 광주 상무대에 입소했다. 힘든 훈련 과정이었으나 감사하므로 임했다. 그리고 2차 실무교육을 성남에 있는 육군종합행정학교에서 마치고, 감격스런 임관식을 맞았다. 그런데 나의 임관식에는 한 명의 축하객도 없었다.

아내가 임관 3일전 첫 딸을 낳았다. 임관 후 처가 집인 서울 방배동에 가서 첫 딸을 상봉했다. 외로운 임관식이었지만 꿈과 같이 행복한 시간이었다.

훈련 중에 한두 번 이런 기도를 한 적이 있다.

"이왕 군 생활 하는데 최전방에서 하게 해주세요."
하나님께서는 이런 기도는 잘 들어 주시는 것 같다.

"희생하겠다. 오지로 가겠다. 낮아지겠다. 섬기겠다. 용서하겠다."는 종류의 기도는 속히 응답하시는 것 같다. 원래 필자는 운동신경이 둔해서 운동을 못한다. 제일 잘하는 운동은 "숨쉬기운동"이다. 선착순 얼차려를 해도 마지막까지 열심히 뛰는 주자였다. 훈련 중에는 많은 평가가 있다. 이론 쓰기점수는 괜찮았는데 실기 훈련점수가 낮았다. 임관 때에 뒤에서 몇 번째로 형편없이 수료를 한 것으로 기억한다. 그런데 기도한대로 최전방 15사단 G.O.P 부대로 명령이 떨어졌다. 같이 임관한 다른 군목과 두 명이 배치를 받았다. 그런네 그 군복은 임관 시에 수석을 한 훌륭한 군목이었다. 처음 부임한 연대는 39연대였다. 연대교회 이름은 선봉군인교회였다. 취임예배와 함께 군목으로의 새로운 사역이 시작되었다.

04

만남의 복

첫 딸이 태어난 지 28일 째에 연대군목으로 명령을 받고 임지로 떠났다. 이삿짐 큰 트럭 앞자리에서 딸을 안고 갔다. 비포장도로를 달렸다. 카라멜 고개를 넘는 데는 한나절 걸리는 것 같았다. 카라멜 한 통을 다 먹어야 넘을 수 있는 고개란다. 약 7시간 만에 군인아파트에 도착하여 이삿짐을 풀었다. 그리고 감사기도를 드렸다.

처음 만난 연대장은 천주교인이었다. 임관 후 군 적응을 하는 기간이고, 모든 것이 생소하고 서툴렀다. 그래서 갈등과 어려움도 있었다. 7개월이 지나서 새로운 연대장이 부임했다. 연대장이 부임하기 전에 종교가 무엇인지 가장 관심이 갔다. 감사하게도 교회를 다니고 있었다. 새로 부임한 곽준석 연대장을 위한 "지휘관 환영예배"를 사단 군목을 초청해서 드렸다. 그런데 하나님께서는 귀한 지휘관과의 복 된 만남을 주셨다. 만남은 참으로 중요하다. 예심 전도 무기 중에 "천국 내비게이션"이 있다. 표지 제목은 "왜 예수님을 꼭 믿어야 하는가?" 예수님은 믿어도 되고 안 믿어도 되는 선택 과목이 아닙니다. 인생으로 태어나서 예수님을 믿는 것은 인생의 필수 과목입니다. 그리고 한 장을 넘기면 만남의 중요성을 말하고 있다.

"사람은 누구를 만나느냐에 따라 인생이 결정됩니다. 어떤 나라에 태어나느냐에 따라 그의 조국이 결정되고 어떤 부모를 만나느냐에 따라 가정이 결정되고 어떤 배우자를 만나느냐에 따라 행복이 결정되고 어떤 신을 만나느냐에 따라 영혼이 결정됩니다."

특별히 예수 그리스도를 만나느냐 못 만나느냐는 그 사람의 인생이 결정 됩니다. 예수 그리스도를 만나는 인생과 예수 그리스도를 만나지 못하는 인생은 출발부터 끝까지 다릅니다. 만남은 너무도 중요하다. 그래서 누구나 만남을 위해 기도해야 한다.

군목사역을 하면서 하나님께서 좋은 만남을 주셨다. 곽준석 연대장과는 오랜 세월이 지난 지금도 카톡 교환과 전화통화를 하고 있다. 얼마 전에는 같이 세례 받았던 정재구 당시

군의관과 식사하는 만남이 있었다. 연대장은 예하대대에 다니면서 이렇게 강조했다. "목사님은 신앙전력화를 위한 정신적 지휘관이자, 영적 연대장님이다." 이런 연대장의 배려로 신바람 나는 군대생활을 할 수 있었다.

인사참모에게 명령하여 군목에게 매월 몇 장의 휴가증을 주게 했다. 그것으로 꼭 휴가를 가야할 병사들에게 상담하여 휴가증을 주었다. 휴가증은 예하 부대지휘관을 통해서 주었다. 예하 대대, 중대, 소대 지휘관들도 좋아했다. 병사들은 말할 것도 없이 더 좋아했다. 사고와 문제해결에도 도움이 되었고, 군사기 향상에도 좋은 효과를 가져왔다.

외부손님이 교회로 찾아와서 최전방을 방문할 때가 있었다. 이 때 연대장 전용차인 1호차를 내주기도 했다. 월요일은 업무 시작 전에 연대 참모회의가 있다. 이 참모 회의 시작 전에 목사의 기도로 시작했다. 39연대 2대대는 사단 신병교육대대였다. 2주마다 신병들이 입소하고, 퇴소식을 가졌다. 이때에도 사단장 훈시 전에 군목 기도순서가 있다. 그래서 퇴소식 때마다 연대장 차로 함께 가서 퇴소식에 참석하기도 했다.

연대의 최고훈련은 R.C.T.훈련(연대전술훈련)이다. 해당부대에서 받는 거의 모든 훈련들을 합친 종합훈련이다. 이 훈련은 무박 5일 동안 진행되는 고강도훈련이다. 심지어 유격보다도 심한 훈련이라고 이야기 할 정도였다. 훈련 때마다 전 성도들이 동원되어 위문품을 만들었다. 훈련 장소를 찾아다니면서 기도해주고, 위문품으로 격려해 주었다. 감사하고 보람 있는 사역이었다. 곽준석 연대장의 재임 기간 중에 "군단 최선봉 연대"가 되었다. 2년차가 되어 후방으로 전출시켜 준다고 군단에서 연락이 왔다. 그때 나는 지금 이 부대 연대장과 함께 임기를 마치겠다고 건의를 드렸다. 그래서 연대장 임기가 끝날 때까지 함께 군 생활을 행복하고 보람 있게 마쳤다.

A.C.T. 훈련 출발 전
연대장과 각대대 순회 중

05
감동적인 세례식

    연대 군목으로 목회할 때 담당하는 교회가 많았다. 연대교회, 4개 대대교회, 독립 중대교회, 대성산교회, 가까이 있는 92포대 대대교회를 담당해서 순회하면서 설교했다. 연대 본부교회는 상주하며 새벽예배와 모든 공 예배를 인도했다. 다른 교회들은 2주에 1회씩 순회하면서 설교하고 축도했다. 이때 사회는 군종병이 진행했다. 군목이 못가는 주간은 군종병들이 예배를 인도했다. 군종병들은 신학을 졸업했거나, 재학 중의 사명자들이었다. 정기적인 "군종병 집체교육"을 통해 사역을 훈련시켰다.

    G.O.P 철책선을 담당했던 일 년의 기간이 있었다. 소대 군종병들을 세워 주일에는 예배를 인도하게 했고, 투입 전 기도

와 위문과 상담을 하도록 교육했다. 찬양단을 조직하여 소대별로 방문하며 위로예배와 함께 찬양집회를 했다. 저녁 9시경부터 새벽까지 군종병과 G.O.P 철책선을 걸으면서 보초를 서고 있는 병사들을 만났다. 위로하고 상담하며 격려했다. 이때에 커피와 알사탕, 초코파이 등을 준비해서 위문했다.

 문제 사병 상담사역, 정신교육 등을 실시했다. 그러면서 믿고 돌아오는 군인들에게 세례식을 베풀었다. 2대대가 사단 신병교육 대대였기 때문에 2주마다 신병들이 입소하여 6주간 훈련을 받는다. 이 기간에 집중적으로 복음을 전하고 만났다. 내무반 별로 찾아다니며 정신교육과 함께 신앙의 중요성을 강조했다. 그리고 주일예배에 나오도록 했고. 세례교육을 진행했다. 2주에 한 번씩 세례식을 거행하는 감격이 있었다.

 예하 대대교회에서도 새로 나온 군인들에게 복음을 전하고, 영접하여 세례를 베푸는 사역은 축복 중의 축복된 사역이었다. 연대 본부교회에서 최고 지휘관이신 연대장이 세례를 받았다. 연대에 부임하면서 연대장 사모의 부탁이 있었다. "연대장님이 교회는 다니는데 아직 세례를 안 받았어요. 세례를 꼭 받게 해주세요." 그래서 함께 기도했다. 하나님의 은혜 속에 여러 명의 사병들과 함께 세례식을 거행하였다.

이때에 연대간부들 몇 명이 함께 세례를 받았다. 의무 중대장 장재구 대위가 세례를 받았다. 당시 부인은 목화자의 딸로 교회에 다녔다. 그리고 "믿는 지휘관을 만나 근무하게 해달라고" 기도 했다고 한다. 그러나 장재구 의무중대장은 군대를 면제 받으려고 했다. 만약에 군대를 가게 되더라도 후방근무로 해군이나 공군을 가길 원했다고 한다. 그러나 육군 보병부대 최전방 G.O.P 부대로 인도되어 만나게 되었다. 처음 만났을 때는 교회를 다니지 않았다. 그러나 그 후에 전도가 되어 신앙 생활하다가 세례를 받았다.

전역 후에는 대전 동아외과 원장으로 병원을 운영했다. 그 후에 법무부 교도소 의무관으로 법무연수원에서 활발한 강의를 했다. 지금은 천안의료원 외과과장 및 호스피스 완화 의료실장으로 많은 환자들을 치료하고 있다. 믿음 좋은 신앙인이 되었다. 책도 집필하였다. 장재구 의학명상에세이 「사랑, 사람, 삶」과 「놀라운 이름 예수」를 출간했다. 그리고 함께 세례 받은 보안반장 반 대위가 있다. 동생의 질병 때문에 오랫동안 절에 나갔던 어머니가 교회로 인도되었다. 보안반장 부인은 결혼 전까지 신앙생활을 했었다. 그러나 결혼 후에 시어머니가 교회를 못가도록 막았다. 시어머니는 대구에 살고 있었다. 주일 전에 전화해서 "절대 교회 나가서는 안 된다"고 해서 나오지 못하고 있었다. 그러나 막내아들 때문에 어머니가 대구에서 강원도 화천으로 올라왔다. 아들의 병을 고치기 위해 온 가족이 교회에 나왔다. 어머니는 새벽기도회도 빠짐없이 나와 아들을 위해 기도했다. 몇 개월 지나 아들의 건강이 회복되었다. 하나님의 치유의 역사를 체험 한 것이다. 온가족에게 세례를 베풀었다. 그리고 인사참모와 국방부에서 근무하는 간부들도 함께 세례를 받았다. 하나님의 행하시는 구원에 역사에 감사했다.

전방부대
세례식 장면

06

개척 사역으로

    1988년은 대한민국과 세계가 올림픽으로 들 떠 있었다. 1988년 9월 17일부터 10월 2일까지 16일 간 진행되었다. 서울특별시와 경기도 일부 수도권 지역 및 각 종목별로 주요 도시지역에서 개최되었다. 제 24회 하계올림픽으로 아시아에서 개최 된 두 번째 올림픽이었다. 대한민국에서는 최초로 열리는 역사적인 올림픽이었다. 이 올림픽은 대한민국의 부흥을 상징하는 대회였다. 일제 강점기와 6.25 전쟁을 거치면서 세계 최빈국으로 전락했다. 이런 대한민국이 불과 30여년 만에 한강의 기적으로 눈부신 발전상을 과시한 올림픽이다. 대한민국이 북한과의 체제 경쟁에서 승리했음을 알린 대회이기도 하다.

필자는 1988년도 8월 말로 군을 전역했다. 사역할 임지가 결정 된 것은 아니었다. 하나님께서 개척할 마음을 주셨다. 그런데 준비 된 개척 자금은 없었다. 군을 전역하니 퇴직금으로 120만원을 받았다. 막상 전역을 해도 기거할 집이 없었다. 전역할 때 시무하던 교회이름은 '용진군인교회'였다. 강원도 화천의 다목리에 위치해 있었고, 대성산 바로 아랫동네였다. 대성산 꼭대기 사이트에는 국방부 파견부대가 있었다. 파견부대장이 소령이었는데 용진교회에 출석하고 있었다. 내 처지를 듣고, 방 한 칸을 내주어서 짐을 다 맡기고, 몸만 서울로 나왔다. 서울에는 처갓집이 방배동에 있었다. 또 처갓집 신세를 지게 되었다.

개척을 인도 받기 위해 기도했다. 칠보산기도원으로 금식 기도하러 들어갔다. 3일 금식 기도 후에 인천 주안역으로 갔다. 인천에서 목회하던 동기목사를 통해 개척할 장소가 연결되었다. 완전 지하 30평이었다. 교회를 하던 장소로 성도들이 흩어져서 더 이상 사역을 할 수 없는 상황이었다. 당시 보증금 400만원에 월 16만원이었다. 군 진역 시 퇴직금으로 100만원에 7만원 단칸방 반 지하 방을 얻었다. 그리고 교회보증금을 위해 기도했다.

마침 교회 개척소식을 듣고, 군인교회를 심기년 신종숙 집사를 하나님께서 감동시키셨다. 신종숙 집사는 민간인으로 용진군인교회에서 신앙생활을 했다. 헌신적이고 충성스럽게 사명을 감당했다. 다목리에서 상업을 하고 있었다. 주로 군인들과 면회객들을 대상으로 필요한 물품들을 파는 "지정상회" 사장이었다. 400만원을 무이자로 빌려주어서 교회 건물을 계약했다.

하나님의 은혜로 교회는 부흥되었다. 빌려준 돈을 갚아 주었다. 평생 잊지 못할 은혜를 입었다. 지금도 하나님의 축복을 기도하고 있다. 그 당시에는 개척교회들이 많이 부흥 되었다. 교회 의자도 없는 완전 지하에도 사명자들이 왔다. 개척교회를 찾아 섬기겠다는 성도들이 등록했다. 흩어졌던 7가정이 심방을 통해 개척멤버가 되어 주었다. 1년여 만에 재정적으로 자립하게 되었다. 그리고 첫해부터 선교지에 선교비를 보내는 복을 받았다. 하나님의 행하심이 참으로 놀랍고, 감사할 뿐이다. 지금도 예심전도훈련을 받고, 더욱 행복한 개척목회를 하고 있다.

1988년 인천제일교회 개척 후
첫 성탄감사예배

3부

IMF를 통과하며

1. 509평의 성전 부시 매입
2. IMF를 맞이하며
3. 너는 내 아들이다
4. 그리스도의 은혜 체험
5. 전도에 대한 갈망
6. 전도할 때 피해야 할 것들
7. 영접의 기적

01
509평의 성전부지 매입

　개척 이후 하나님의 은혜로 교회가 세워져갔다. 당시 상황은 개척교회에도 헌신할 성도들이 이사를 와서 찾아오기도 했다. 전도도 되어져서 새신자들이 많이 들어왔다. "200명 새벽기도 총진군"을 하기도 했다. 당시에 새벽기도총진군 프로그램이 유행했었다. 30여명이 모일 때 총동원 전도주일을 통해 475명이 1-5부 예배로 모이기도 했다. 그 결과 배가이상의 부흥을 경험했다. 작은 부흥을 경험하며 성전 부지를 매입할 마음을 주셨다. 1994년이 되면서 장년부 23개 구역, 2개의 남전도회, 5개 여전도회, 청년부 3구역, 학생부, 주일학교가 은혜 중에 신앙생활을 하게 되었다.

　성전부지 장소를 찾아 이곳, 저곳을 다녔다. 여러 부동산에도 부탁해 놓았다. 그런데 100평, 200평 정도의 땅은 눈에 들어오지 않았다. 성전 부지를 매입할 자금을 많이 준비해 놓은 상황도 아니었다. 하나님께서 주실 것이라는 믿음에 차서 성전 부지를 알아보았다. 큰 땅이 나오면 그 자리를 돌면서 기도하기도 했다. 현재 있는 교회에서 도보로 20분 거리에 509평의 땅이 매물로 나왔다. 많은 부채를 안고, 계약을 한 후에 중도금, 잔금을 치렀다.

중도금은 당시에 교회를 대상으로 대출을 잘해주는 금융기관이 있었다. 신협이었다. 대출자 한 명 앞으로 두 명의 보증인을 세우면 일천만원 단위로 대출을 해 주는 상품이 있었다. 두 명의 보증인 서류는 인감증명서로도 가능했다. 주로 남편들의 인감증명서를 떼서 대출서류로 제출했다. 이렇게 참여한 성도들이 39명이 되었다. 성도들이 불평 없이 기쁨으로 동참해 주었다. 믿음으로 헌신하는 모습에 참으로 감사했다. 어떤 집사는 남편이 교회에 나오지 않았다. 그럼에도 불구하고 남편 몰래 인감증명서와 인감도장을 가지고 와서 헌신해 주었다. 담임 목사로서 속으로 눈물을 흘렸다.

잔금은 땅을 담보로 은행에서 대출을 받아 마무리 했다. 땅의 소유주가 교회로 넘어 왔을 때 너무도 기쁘고 감사했다. 하나님께 영광을 돌렸다. 그러나 한편으로 대출금에 대한 이자를 감당하느라 신경을 많이 써야 했다. 이때부터 물질에 대한 훈련이 시작되었다. 더욱 하나님을 의지하지 않으면 안 되는 상황이 되었다. 교회 재정 지출에도 큰 변화가 왔다. 다른 부분에 긴축재정 집행을 해야 했다. 허리띠를 졸라매고, 대출이자를 지출해야 했다.

예수초청 큰잔치

02

IMF를 맞이하며

1997년 12월 3일에 대한민국은 IMF 구제 금융을 요청했다. 국가부도의 위기에 처했다. 기업이 연쇄적으로 도산하고, 외환 보유고는 급감했다. 그래서 IMF때 20억 달러의 긴급융자를 요청했다. 한국경제는 IMF가 요구하는 경제체제를 수용하고, 그 요구에 따라 대대적인 국가경제 구조조정을 시작하였다. IMF가 요구하는 체제가 시작 되자 많은 회사들의 부도와 경영 위기현상이 나타났다. 이 과정에서 대량해고와 경기 악화로 온 국민이 큰 어려움을 겪게 되었다.

이 사건이 일어난 직후인 1997년 12월 18일에 대한민국 제15대 대통령 선거가 치러졌다. 이 선거에서 여당인 한나라당은 IMF 외환 위기와 국가 부도의 책임으로 선거에서 패배했다. 그리고 정권교체가 이뤄지게 되었다. 김대중 대통령이 1998년 2월에 취임했다. 김대중 대통령은 취임 이후 IMF의 요구를 전면 수용했다. IMF가 요구하는 구조조정에도 착수했다. IT 산업장려정책과 대기업 간의 사업교환 및 통폐합으로 경제재건을 도모하였다.

1998년 12월에 IMF 긴급 보관 금융에 18억 달러를 상환한 것을 계기로 대한민국은 금융위기로부터 서서히 빠져나갔다. 2000년 12월 4일에 국제 통화 기금의 모든 차관을 상환하였다. 그리고 우리나라가 IMF 위기에서 벗어났다고 공식 발표하였다. 2001년 8월 23일에 대한민국에 대한 IMF 관리체제가 공식 종료되었다. 이처럼 한국경제는 IMF 위기를 겪은 지 2년 만에 고성장-저물가-경상수지흑자라는 세 마리 토끼를 동시에 잡는 능력을 발휘하였다. 단합된 노력이 있었다. 국민들이 자발적으로 자신이 소유했던 금을 기부했다. 전국 누계 약 350만 명이 이 운동에 참여했다. 이 때 모아진 금이 약 227톤으로 세계적인 이슈가 되었다. 이러한 금 모으기 운동은 한국경제에 대한 국제사회의 긍정적 평가를 이끌어 내는데 일조했다.

IMF 사태는 교회에도 큰 어려움과 위기를 가져다주었다. 특히 부채가 많은 교회들은 직격탄을 맞아 휘청거렸다. IMF

와의 구제 금융, 협상이 타결된 이후 자금 시장의 경색이 계속되었다. 14개 종금사가 영업 정지를 당했다. 은행들은 신규여신을 중단하고 대출금을 회수하기 시작했다. 고금리 정책과 긴축적인 통화정책이 지속되었다. 그 때에 성전 부지를 사고, 많은 이자를 감당해야 하는 상황이었다. 금리가 치솟을 때로 치솟았다. 성도들의 경제 사정도 나빠졌다.

1년 8개월 정도 사례비를 받지 못하면서 목회를 했다. 물질의 어려움이 큰 고통으로 다가왔다. 매달 어김없이 닥쳐오는 이자를 감당하기에 모든 신경이 쓰였다. "너무 큰 땅을 샀나?" "괜히 저질러서 생고생을 하는구나" 하는 후회를 한 적이 한 두 번이 아니었다. IMF의 경제 위기 상황이 올 줄을 누가 예상했나?

참으로 인생이 내 맘대로 되지 않음을 더욱 실감하는 시간을 보냈다. 내일 일을 알지 못하는 인생임을 확인하며 고통을 감내해야 했다. IMF 사태가 길어지면서 이자 감당에 대한 압박은 더욱 심해졌다. 전화 소리만 들려도 가슴이 철렁 내려앉았다. 심장이 두근두근 뛰기 시작했다. 안정이 되지 않았다. 정신병이 올 것 같았다. 이 위기를 어떻게 벗어나야 할까? 이번 달에는 누가 이자를 갚아 줄 수 있을까? 이 문제가 어떻게 하면 해결 될 수 있을까? 이번 달 헌금으로 이자를 다 낼 수 있을까? 근심과 걱정에 짓눌려 있는 내 모습이 불쌍하기 그지없었다. 후회도 많이 했다. 이 어려운 상황에서 도망가고 싶은 생각을 하루에도 몇 번씩 하며 살았다. 사는 것이 고통이고 지옥과도 같았다. 기도하려고 눈을 감으면 이자 어떻게 감당할까 하는 생각이 밀려왔다. 그 생각에 사로 잡혀 기도도 못하고, 생각만 하고 앉아 있었다. 참으로 절망적이었다.

03

너는 내 아들이다

IMF 경제 위기 상황을 겪으면서 건강에 이상신호가 왔다. 왼쪽 턱 아래가 부어오르기 시작했다. 혹부리 목사가 된 것이다. 부어 오른 부분을 만지면 5개 정도 구슬이 뭉쳐 있었다. 신경이 많이 쓰였고, 걱정도 많아졌다. 강단에 서기가 싫었다. 혹이 난 부분을 쥐어뜯기도 했다. 그래서 어떤 때는 붉은 색을 띠기도 했다.

"저 목사는 무슨 죄를 지어서 혹이 났을까?"

이런 마귀의 참소가 들렸다. 너무 힘들고, 지쳐서 목회를 그만 두고 싶었다. 그러나 39명의 성도들이 대출과 보증을 선 상황이었다. 기업이 부도나듯 교회도 부도가 날 수 있다는 생각이 들 때면 두렵고 떨렸다. 교회도 공중분해 될 수 있다는 부정적이고, 불신앙적인 생각이 밀려왔다. 순간순간 이런 생각과 싸워야 했다.

왼쪽 턱에 생긴 혹 때문에 인천 기독병원에 검사하러 갔다. CT와 몇 가지 검사를 했다. 젊은 의사가 나를 처다보면서 걱정스런 표정으로 물었다. 심각한 어조였다.

"지금 몇 살이세요?" 차트에 나와 있을 텐데...
"자녀는 몇이세요?"
"두 명입니다."

검사결과 악성종양으로 판정된다고 했다. 그리고 서울대병원에 유명한 교수를 소개하면서 소견서를 써주었다. 서울대학병원으로 가보라고 했다.

진단을 받고, 차를 운전하면서 집으로 돌아오는 길이었다. 눈물이 저절로 흘러나왔다. 무슨 의미의 눈물인지 내 자신도 잘 몰랐다. 죽음 이후에 천국의 영원한 세계가 있음을 믿고 있다. 그러나 악성종양이라는 판정에 충격을 받은 것은 분명했다. 많은 생각이 머리를 스치고 지나갔다. 머리가 멍해졌다. 눈물이 나서 더 이상 운전을 할 수가 없었다. 차를 길옆으로 세웠다. 그리고 하염없이 울었다. 그 때 큰 딸이 중학생이고, 둘째 아들이 초등학생이었다. 두 자녀를 생각하니 더욱더 눈물이 펑펑 쏟아졌다.

필자도 초등학교 2학년 때 아버지가 돌아가셨다. 그리고 중학교 2학년 때 어머니마저 소천 하셨다. 나를 하나님께서 지금 부르시면 내 나이 때 딸, 아들이 아빠 없이 자라야 되는데... 혼자 두 아이를 키울 아내를 생각나서 눈물이 그치질 않았다. 한참 동안 울고 있는데 천둥과 벼락을 치듯 "너는 내 아들이다!"라는 영적음성이 마음을 때렸다. 성령님의 강력한 음성이었다. 벼락을 맞은 것 같은 느낌이었다. 그리고 나서 염려 근심이 사라지고, 감사의 눈물을 한없이 흘렸다. 한참 동안 감사 눈물과 함께 감사기도를 드렸다. 그렇지! 나는 하나님의 자녀지... 살고 죽는 것은 하나님의 손안에 있지...

"영접하는 자 곧 그 이름을 믿는 자들에게는 하나님의 자녀가 되는 권세를 주셨으니 이는 혈통으로나 육정으로나 사람의 뜻으로 나지 아니하고 오직 하나님께로부터 난 자들이니라"(요1:12-13).

하나님의 자녀라는 정체성을 확인하니 새 힘이 생겼다. 서울대학병원을 다니면서 진료와 치료를 받았다. 그러면서 「암에서 나은 사람들의 모임」에 참석했다. 강남에서 모였다. 회장은 위암에서 나은 목사였다. 위암수술을 해서 위를 다 절단했다고 한다. 식도와 대장을 연결해서 살고 있었다. 암 판정을 받은 사람들이 모여 기도했다. 암에 좋은 식품도 팔았다. 모두들 간절했고, 치료되기를 사모했다. 나 역시 그랬다. 그런데 하나님께서는 사명을 위해 지금까지 필자를 살려 주셨다. 참으로 감사할 뿐이다.

04
그리스도의 은혜 체험

서울대학병원을 정기적으로 다녔다. 물질고와 질병의 이중고를 짊어지고 목회를 해야 했다. 눈을 뜨면 현실은 그대로였다. 아니 더욱더 어려운 상황이 전개되었다. 앞이 보이지 않는 암담한 상황이었다. 하루하루가 살얼음판을 걷는 것 같았다. 어떻게 하면 이런 현실을 벗어날 수 있을까? 왜 땅을 사서 이 고생인가? 현실과 상황에 추울 때가 많았다. 기쁨과 평안을 잃고 살았다. 감사도 사라졌다. 하나님의 전능하신 능력을 잊어 버릴 때가 많았다. 연약한 나의 믿음, 문제에 속아 영적으로 눌린 나의 모습을 보기 싫었다.

그런데 하루는 새벽 기도회를 인도한 후 혼자 남아 개인 기도를 드렸다. 조용히 기도했다. 그런데 성령님께서 강하게 역사하셨다. 그리고 큰 깨달음을 주셨다. "예수가 그리스도다" 신학을 공부하면서 예수님의 삼중직이 시험에 나왔다. 이론적으로 알고 있는 내용이었다. 그런데 그리스도의 은혜가 강력하게 체험적으로 임했다. 위대한 응답이었고, 놀라운 축복이었다. 예수는 이름이고, 그리스도는 직분이다.

"아들을 낳으리니 이름을 예수라 하라 이는 그가 자기 백성을 그들의 죄에서 구원할 자이심이라 하니라(마 1:21)."

그리스도는 '기름 부음을 받은 자'라는 뜻을 갖고 있다. 구약성경의 히브리어의 메시아를 70인 역에서 그리스어로 번역하는 과정에서 처음 사용하였다. 구약에 기름 부어 세운 세 명의 직분이 있다. 선지자, 제사장, 왕이었다.

첫 번째로, 선지자에게 기름을 부어 사명을 감당하게 했다. 선지자는 하나님의 말씀을 대언한 사람들이다. 하나님의 뜻을 선포했다. 죄악과 우상을 버리고 하나님께로 돌아오라고 외쳤다. 예수님은 하나님께로 돌아가는 유일한 길이 되신다.

"예수께서 이르시되 내가 곧 길이요 진리요 생명이니 나로 말미암지 않고는 아버지께로 올 자가 없느니라(요 14:6)."

하나님께로 돌아오라고 선포했던 구약의 선지자처럼 예수님은 온 인류의 영원한 선지자이시다. 바뀌지 않는 선지자로서 하나님의 뜻을 보여주었다. 창세기 3장에 보면 인간의 범죄는 하나님을 떠난데 있다. 창조원리에 나타나듯 물고기는 물에서 살도록 창조했다. 나무는 땅에 뿌리를 박고 살도록 했고, 새는 두 날개를 주어 하늘을 날도록 만드셨다. 사람은 하나님을 떠나서는 살 수 없는 영적 존재로 창조하셨다. 물고기가 물을 떠나서는 살 수 없다. 나무가 땅에 뿌리를 박지 않으면 죽는다. 그런데 범죄 함으로 하나님을 떠나게 되었다. 예수님은 참 된 선지자로 길 중의 길인 하나님 만나는 길을 열어 주셨다.

"그 길은 우리를 위하여 휘장 가운데로 열어 놓으신 새로운 살 길이요 휘장은 곧 그의 육체니라(히 10:20)."

둘째로, 제사장에게 기름을 부었다. 제사장은 하나님과 죄를 지은 인간 사이에서 제사를 집행했다. 제사장의 직분은 세습되었다. 아론과 그의 자손들에게 위임 되었다(참조 출 29:1-9). 아담과 하와의 범죄로 그 후손은 다 죄인이 되었다. 원죄를 갖고 태어난다. 그래서 누구나 구원을 받아야 한다. 죄의 문제를 해결 받아야 한다. 구약에서는 제물로 짐승을 드렸다. 죄인 대신 제물이 피를 흘리고 죽었다. 그러므로 죄가

용서 되었다.

> "육체의 생명은 피에 있음이라 내가 이 피를 너희에게 주어 제단에 뿌려 너희의 생명을 위하여 속죄하게 하였나니 생명이 피에 있으므로 피가 죄를 속하느니라(레 17:11)."

예수님은 영원하시고 완전하신 참 된 대제사장이다. 우리의 원죄와 자범죄를 대신하여 십자가에서 죽으셨다.

> "그가 찔림은 우리의 허물 때문이요 그가 상함은 우리의 죄악 때문이라 그가 징계를 받으므로 우리는 평화를 누리고 그가 채찍에 맞으므로 우리는 나음을 받았도다(사 53:5)."

세례요한은 예수님을 가리켜 이렇게 말했다.

> "이튿날 요한이 예수께서 자기에게 나아오심을 보고 이르되 보라 세상 죄를 지고 가는 하나님의 어린 양이로다(요 1:29)."

예수님은 죄와 흠이 없다. 그러나 자신의 피로 영원하고 완전한 제사를 하나님께 드렸다. 영원한 대제사장이시다.

셋째로, 예수님은 참 된 만왕의 왕으로 이 땅에 오셨다. 우리의 원수 중 원수인 사단의 세력을 말했다. 그리고 하나님의 나라가 임하게 했다. 믿는 자를 주님의 왕국 백성이 되게 했다. 그리고 예수님의 권세를 위임해 주었다. 이 땅 살면서 사단과 귀신의 세력을 이길 수 있는 권세를 주었다.

"내가 너희에게 뱀과 전갈을 밟으며 원수의 모든 능력을 제어할 권세를 주었으니 너희를 해할 자가 결단코 없으리라(눅 10:19)."

이것은 하나님께서 타락하자마자 약속해 주셨다. 저주와 형벌을 주시기 전에 구원에 대한 약속이었다. 최초의 복음이었고, 하나님의 구원 계획 이었다.

"내가 너로 여자와 원수가 되게 하고 네 후손도 여자의 후손과 원수가 되게 하리니 여자의 후손은 네 머리를 상하게 할 것이요 너는 그의 발꿈치를 상하게 할 것이니라 하시고(창 3:15)."

예수님은 사단의 지배하에 있는 인간을 구원해 주셨다.

"죄를 짓는 자는 마귀에게 속하나니 마귀는 처음부터 범죄함이라 하나님의 아들이 나타나신 것은 마귀의 일을 멸하려 하심이라(요일 3:8)."

예수가 그리스도 되신다는 사실을 체험하면서 고난과 역경을 이길 힘을 주셨다. 해답이 '그리스도의 비밀' 안에 있음을 발견하게 되었다. 예심전도 컨퍼런스에 참석하여 "예수가 그리스도다."는 메시지에 100% 동의했다. 그리고 그리스도의 복음을 전하는 예심전도에 평생 훈련 받고, 사역하는 복을 받게 되었다. 측량할 수 없는 하나님의 은혜요, 감사 제목이다.

05

전도에 대한 갈망

　전도를 정말로 하고 싶다. 잘해보고 싶다. 성령 받고, 바른 신앙생활 하고자하면 이런 마음이 생길 것이다. 그러나 전도가 말처럼 잘 되지 않는다. 용기가 나지 않고, 발걸음이 떨어지지 않는다. 사람을 만나면 얼어붙는다. 전도하려면 내가 왜 그리 작아지는지 사람을 만나면 무슨 말을 해야 할지 입이 열리지 않는다. 전도를 해도 열매가 금방 나타나지 않아 전도가 지속되지 않는다. 그러나 전도를 잘 해보고 싶다. 내가 복음을 듣고, 구원 받았다는 것은 누군가의 기도가 있었고, 사랑의 섬김과 희생이 있었다. 복음을 전해준 사람이 있었기에 구원의 은혜 속에 살고 있음에 감사해야 한다. 전해주는 사람이 없으면 어찌 믿을 수가 있겠는가?

"누구든지 주의 이름을 부르는 자는 구원을 받으리라. 그런즉 그들이 믿지 아니하는 이를 어찌 부르리오. 듣지도 못한 이를 어찌 믿으리오 전파하는 자가 없이 어찌 들으리오. 보내심을 받지 아니하였으면 어찌 전파하리요. 기록 된 바 아름답도다. 좋은 소식을 전하는 자들의 발이여 함과 같으리라."(롬10:13-15)

복음을 받은 자로 마땅히 복음을 전해야 할 마음이 생겨야 한다. 우리는 복음에 빚진 자들이다. 전도가 무엇인가? 복음을 전하는 것이다. 복음은 '좋은 소식, 복된 소식, 구원의 소식'이다. 신약성경에서 복음의 의미를 나타내는 어원은 유앙겔리죠 뿐만 아니라, 네 개의 동사형과 마테테스라는 한 개의 명사형의 어원이 있다.

첫째는 유앙겔리죠이다.
이 어원은 '승리의 소식', '기쁜 소식'이라는 의미이다. 전쟁 후에 승리한 기쁜 소식을 가져오는 것을 의미한다. 이 어원의 의미는 전도의 내용이 어떠해야 하는가를 설명해 주고 있다. 전도의 내용은 곧 복음이며 복음은 승리의 소식으로 예수가 그리스도 되심이다.

둘째는 케뤼소이다.
이 뜻은 '크게 외치다', '사건을 선포하리', '다가올 사선을 예고하다'라는 의미이다. 이것은 말을 타고 왕의 법령을 선포하는 전령사를 의미한다. 그리고 시합 때 우승자를 알릴 때와 상을 수여할 때도 쓰였다.

셋째는 디다스코이다.
이 어원은 '영적인 진리를 설명하고 해명하다', '가르치다', '알게 하고 확신케하다'라는 뜻을 가지고 있다. 그래서 이 어원을 살펴보면 전도는 양육의 의미를 포함하고 있다.

넷째는 마르투스이다.
이 어원은 '증인', '사실에 대한 증언', '진리나 주장에 대한 증언'이라는 의미가 있다. 이 어원은 전도자의 언어와 행동뿐만 아니라 헌신 된 생애와 삶 자체가 전도임을 말해준다.

다섯째는 마데테스이다.
이 단어는 '제자'라는 뜻이다. 어원은 '따르다'라는 뜻을 가진 아코루세인에서 나왔다. 이 어원에서 볼 때 전도는 불신자를 예수그리스도의 제자로 삼는 것이다. 이상에서 살펴 본 것 같이 전도는 입으로만 선포하거나 설득하는 차원을 넘어서 삶과 양육과 제자를 삼는 의미가 담겨 있는 포괄적인 의미가 있다.

신앙생활을 잘하려면 하나님의 의도를 잘 알아야 한다. 하나님이 가장 기뻐하시는 것이 무엇일까? 하나님의 소원이 무엇일까? 이것을 마음에 품어야 한다. 하나님의 의도가 무엇일까? 하나님의 의도는 하나님의 목적, 계획, 뜻이다. 그것은 '하나님의 나라'이다. 하나님의 나라는 복음 전도를 통해 확장된다. 예수님은 십자가의 죽으심으로 온 인류의 죄를 담당했다. 대신 돌아가셨다. 죄 문제를 해결하시기 위함이다. 그리고 3일 만에 부활하셨다. 부활 이후 40일 동안 부활의 몸으로 계셨다. 그때 하신 일이 무엇이었나?

"그가 고난 받으신 후에 또한 그들에게 확실한 많은 증거로 친히 살아계심을 나타내사 사십일 동안 그들에게 보이시며 하나님 나라의 일을 말씀하시니라."(행1:3)

'하나님 나라의 일'을 말씀하셨다. 예수님의 첫 메시지도

"회개하라 천국이 가까이 왔느니라"(마4:17)였다.

하나님 나라는 내재성과 확장성의 특징이 있다.

06
전도할 때 피해야 할 것들

전도는 하나님의 일이다. 그러므로 전도자가 된다는 것은 최고의 복을 받은 것이다. 왜냐하면 하나님의 가장 위대한 일에 쓰임 받는 것이기 때문이다. 현장전도를 하면서 조심해야 할 요소들이 있음을 알았다.

1. 논쟁하지 말아야 한다.

전도현장에서 말도 안 되는 질문을 받을 때가 있다. 핍박하며 공격하는 사람을 만나기도 한다. 기독교에 대해 비판하며 교회와 목회자들을 비난하기도 한다. 이럴 때 절대 싸우거나 논쟁하지 말아야 한다. 자신의 감정이 상하더라도 공격해서는 안 된다. 겸손히 인정할 것은 인정하라. 이런 상황에서 기독교의 우월성을 말하면 더 큰 논쟁이 될 수 있다. 인내하므로 잘 경청해주도록 예심전도법은 훈련하고 있다. 교회와 목회자의 연약성을 인정하라.

2. 의욕이 앞서 막무가내 식으로 밀어 붙이지 말아야 한다.

전도는 성령께서 하신다. 훈련을 받으면 하나님의 구원의 때를 분별하게 된다. 전도 대상자를 잘 진단할 수 있다. 그러기 위해서는 상대방의 마음을 읽어야 한다. 관심을 가져야 한다. 배려하며 경청하는 자세가 필요하다. 전도자는 예수님의 마음을 가져야 한다. 전도할 때 성령님의 인도로 단호하게 할 때도 있다. 그러나 내 의욕이 앞서서 계속 강하게 밀어 붙여서는 안 된다. 전도할 때 "밀땅"이 중요하다. 당기는 훈련과 미는 실력을 갖춰야 한다. 그것은 많은 전도를 해보아야 체득할 수 있다.

3. 전도대상자와 금전거래를 하지 말아야 한다.

전도대상자가 돈을 빌려달라고 하는 경우가 있다. 돈을 빌려 줬다가 약속기한을 어기면 신뢰가 무너지게 된다. 돈을 빌려가고 안 갚으면 원망의 마음이 생기기도 한다. 밤잠 못자고, 신경 쓰며 미워하는 경우도 있다. 관계가 악화되기도 한다. 그러기 때문에 전도대상자와는 돈 거래를 하지 않는 것이 좋다. 전도대상자가 너무 어렵고 급할 때는 어떻게 해야 할까? 만약에 전도자가 여유가 있다면 사랑으로 후원한다는 생각으로 줘야 한다. 못 받아도 괜찮다. 안 받아도 된다는 마음 자세로 도와줘야 한다. 예수님의 마음으로 행하는 것이 예심전도의 정체성이다. 그런데 전도 대상자 중에는 전도자를 이용하려고 하는 경우도 있다. 이때는 성령의 지혜를 통해 잘 인도 받아야 한다. 전도자는 물질의 복도 받아, 사랑을 베풀고, 도와주도록 기도해야 한다.

4. 설교하지 말아야 한다.

목회자는 전도할 때에 설교하는 습관을 내려놓아야 한다. 성도들도 가르치는 자세에서 내려와야 한다. 전도가 무조건 말을 많이 한다고 되는 것이 아니다. 먼저 상대방의 말을 잘 들어주어야 한다. 예심전도는 상담학적으로도 탁월한 전도법이다. 경청, 동감, 대화법, 질문을 통해서 전도한다. 상대방의 말을 많이 듣고, 대화하는 전도법을 훈련시킨다. 그리고 전도 대상자의 마음이 열렸을 때 복음을 전한다. 일방적으로 가르치려 하지 말아야 한다. 그러면 그럴수록 마음이 닫힌다.

5. 심판하거나 정죄하지 말아야 한다.

불신자의 상황을 보자. 그들은 하나님을 떠난 죄인들이다. 죄의 삯은 사망이고, 죽음 이후에는 심판이 있다. 전도 대상자들은 이런 사실을 모르고 있고, 인정하지 않으려고 한다. 비웃기도 한다. "죽으면 그만이지, 하나님은 없다!" 하나님을 비난하기도 한다. 교회를 대적하며 핍박하는 사람들을 만나기도 한다. 교만한 사람, 잘난 체 하는 사람을 만나기도 한다. 이럴 때 정죄하거나 판단하지 말아야 한다. 예수님의 마음으로 대해야 한다. 긍휼히 여기는 마음으로 경청하며 대화로 복음을 전해야 한다.

6. 어려운 신앙용어를 피해야 한다.

서로 소통이 되어야 한다. 말이 잘 통하지 않으면 그 자리가 불편하다. 더 이상 대화가 되지 않는다. 그렇기 때문에 전도할 때 어려운 신앙용어나 신학용어를 피해야 한다. 신앙용어를 불신자들이 알아듣도록 교정해서 말해야 한다. 전도할 때에 "언어코드"를 맞춰서 소통이 되어야 한다. 예심전도는 이런 면에서 탁월하다. 전도메시지가 불신자들의 눈높이에 맞는다. 불신자들이 쓰는 언어로 이해하기 쉽다. 유형별 맞춤형 전도메시지로 훈련하고 있다. 그림언어로 되어 있어 이해하기 쉽고, 기억하기도 좋다.

7. 이성을 전도할 때 피할 것은?

　이성을 전도할 때에 일대일로 따로 만나거나 식사를 하는 것은 피하는 것이 좋다. 전도자는 영혼 구원을 위해 친절과 사랑을 베푼다. 그러나 이성으로 자신에게 호감이 있는 것으로 착각할 수 있다. 이성을 전도할 경우는 전도팀이 함께 해라. 식사도 함께 해야 한다. 예심전도는 전도팀을 세우는 것이 중요하다고 훈련시키고 있다. 전도팀이 연합해서 전도할 때에 시너지 효과가 일어난다.

07
영접의 기적

한 번은 부산을 내려갈 기회가 있었다. 필자 장모의 사촌언니가 부산에 살고 있었다. OO도라는 종교에 심취해 있었고, 핵심인물로 일하고 있었다. OO도는 경상북도 지역의 향토 종교로 특별한 신앙대상이 있는 것이 아니다. 자기반성, 미신타파, 문명 퇴치, 도덕정신을 실천 덕목으로 하여 도덕사회를 건설하려는 목적을 갖고 있는 종교 단체였다. 장모의 사촌 언니는 이 종교를 32년 동안 다녔다. 재력이 있어서 대형버스를 사서 바치기도 했다.

하루에 2-3시간 '자기반성'의 시간을 갖고 기도한다. 오랫동안 기도하는 시간에 가슴이 큰 꽈리처럼 부풀어 오르는 느낌과 공중에 몸이 붕하고 뜨는 경험을 한다고 했다. 그리고 아픈 사람을 위해 기도해주면 병이 나았다. 부산에 있는 집을 방문하여 하나님 만나는 길을 설명했다. 그리고 지금까지 귀신에게 속아서 귀신을 섬겼다고 직설적으로 전했다. 그런데 놀라운 말을 했다. 자기 교주는 귀신 이야기를 절대로 해서는 안 된다고 했다.

구원의 길로 예수그리스도의 죽으심과 부활을 전하고 예수님을 영접하는 초청을 했다. 메시지를 잘 경청하고 궁금한 것을 묻고, 대화를 나누면서 영접기도를 시도했다. 그러나 거부했다. "지금까지 32년 동안 섬겼던 종교를 하루아침에 버리고, 다른 종교를 택할 수 없다."는 것이다. 그 후 약 1년이 지난 어느 수요일이었다. 안양 평촌 아파트에 살고 있는 장모의 전화를 받았다. 언니가 부산에서 올라왔는데 다 죽게 되었다. 빨리 와서 예수 믿게 해달라는 전화였다.

수요예배를 인도하고, 아내와 급히 달려갔다. 도착하여 이야기를 들어보니 마음이 불안하고 답답하여 사형선고를 받은 것 같다. 그리고 다리가 너무 아파서 제대로 걷지도 못한다고 했다. 다른 환자에게 기도해주면 병이 낫는데 자기는 더 아프고, 그 많던 재산도 점점 없어져 어렵게 되었다. 하나님의 구원의 때가 되었고, 매우 갈급한 심령 상태였다. "하나님 만나는 길"로 예수그리스도 복음을 전하고, 영접기도를 드렸다.

눈물로 영접기도를 따라했다.

 영접기도를 마치니 사형선고 받은 것 같았던 마음이 평안해지며 하반신 마비와 통증이 풀렸다. 영접의 기적과 능력을 체험하는 현장이었다. 필자는 그 후로 전도현장에 나가서 복음을 전하고 영접기도를 했다. 영접한 후 다음날 결혼식이 있었다. 결혼식장에서 만난 사촌들에게 예수님 믿으라고 전도했다. 남편, 두 아들 가정, 친척, 친구, OO도에 있던 사람들을 30명 정도 전도하고 소천 했다.

 "영접하는 자 곧 그 이름을 믿는 자들에게는 하나님의 자녀가 되는 권세를 주셨으니(요 1:12)."

 영접에 눈이 열렸고, 영접기도의 중요성을 알게 되었다.

4부

새로운 사역

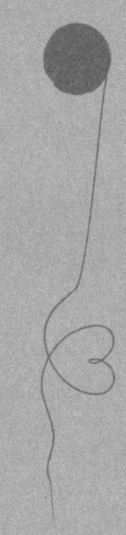

1. 미국방문
2. 미국 대사관 비자사건
3. 미국행 비행기 속에서
4. 미국 사역
5. 딸을 한국으로 보내며
6. 한국으로의 귀국

01
미국 방문

 IMF의 찬바람은 참으로 매서웠다. 많은 기업들의 부도, 물가상승, 금리인상, 개인파산 등의 험한 파고를 넘어야 했다. IMF 시작 2년 전에 성전부지 매입은 물질 연단과 시련의 시기였다. 정말 내일 일을 알지 못하는 인생이다. 인생이 내 마음대로 되지 않았다. 목회도 마찬가지였다. 그러나 큰 어려움의 위기가 영적성숙의 기회가 되었다. 그리스도의 비밀을 체험하게 되었다. 인생과 사역을 더 하나님께 맡기게 되었다. 더 겸손히 낮아졌고, 피조물임을 실감하게 했다. 참으로 힘든 시기여서 목회를 포기하고 싶은 때가 한 두 번이 아니었다. 어려운 상황을 피해 어디론가 도망가고 싶었다. 그러나 "그리스도의 비밀"을 체험하면서 인내하게 되었고, 피할 길을 주셨다. 교회 성전부지기 정리되었다. 매각되기 참으로 어려운 시기였는데 모 기업으로 매매가 되었다. 금전적 손해는 컸으나 교회가 공중분해 되지 않은 것에 감사했다. 세상기업으로 볼 때는 부도 날 상황이었다. 하나님께서 피할 길을 주신 것이다. 하나님의 말씀을 읽으면서 감사드렸다.

> "감당할 시험 밖에는 너희에게 당한 것이 없나니 오직 하나님은 미쁘사 너희가 감당치 못할 시험 당함을 허락지 아니하시고 시험 당할 즈음에 또한 피할 깃을 내사 너희로 능히 감당하게 하시느니라."(고전 10:13)

성전 부지를 매각한 후에 모든 부채를 청산했다. 그리고 지하 예배당에서 2층 넓은 장소로 이전하였다. 아파트를 매입하여 사택을 이사했다. 문제가 해결되고, 교회는 안정되었다. 그런데 하나님께서 미국의 4개 도시를 방문할 기회를 주셨다. 스테이트 칼리지, 달라스, LA, 라스베가스를 차례로 방문하게 되었다. 난생 처음 미국 방문길이었다. 새로운 경험, 새로운 만남에 밤잠을 설쳤다. 기대가 되었다. 하나님의 인도하심에 감사했다. 물질 연단 뒤에 큰 위로의 시간이었다.

처음 도착한 곳은 스테이트 칼리지에 있는 한인교회였다. 미국의 펜실베니아주 중앙에 위치하고 있었다. 그곳에서 8일 동안 머물렀다. 주일 낮 설교, 여름성경학교 설교, 펜실베니아 주립대학 내 한인유학생 성경공부인도, 청년, 대학부 설교로 바쁜 시간을 보냈다. 시차적응도 안 된 상태였다. 밤낮이 바뀌면서 낮에 잠이 쏟아졌다. '스테이트 칼리지 한인교회(State College Korean Church)' 담임은 은상기 목사였다. 사댁에 머물렀다. 2층 집으로 잔디밭도 넓었고, 정원도 아름다웠다. 그 곳에서 사랑과 은혜를 듬뿍 받았다. 보는 것이 다 새로웠다. 한국과는 다른 풍경이었다. 미국의 사역, 유학생 교회의 많은 것들을 보게 되었고, 알려주었다. 그 교회가 사역자를 청빙할 계획이 있었다. 여러 번의 설교와 성도들과의 만남이 선을 보러 간 상황이었다. 긴장도 되고, 시차 적응관계로 힘들었다. 그러나 꿈과 같은 행복한 시간을 보냈다. 시간이 되면 주위의 아름다운 호수와 관광지를 다녀왔다.

스테이트 칼리지에서 미국 중부에 위치한 달라스로 이동했다. 군목을 전역한 1988년도에 개척한 후 전도 되었던 성도가 있었다. 그는 세무대학을 졸업했다. 세무서에 근무했고, 교회 옆 공무원 아파트에 살고 있었다. 전도가 되어 세례를 받았다. 집사로시 잘 심기다가 소빙을 받고 신학을 했다. 그리고 선교사로 파송 받아 미국으로 갔다. 참으로 신실하고 충성스런 사명자였다. 예수님을 믿는 사람으로 청렴한 세무공무원이었다. 부정한 것에 전혀 관계하지 않은 정직한 사람이었다. 달라스에서외 만남을 통해시 하나님은 큰 위로와 기쁨을 수셨다.

신앙적 대화, 관광을 통해 아름다운 영적 추억을 쌓았다.

   달라스에서 LA로 이동해서 지인 장로를 만났다. 함께 LA 지역과 주변을 관광했다. 그리고 라스베가스로 이동했다. 라스베가스에는 1년 군목선배가 있었다. 비행기 표를 끊어 주면서 초청했다. 말로만 듣던 라스베가스로 향하는 비행기에 올랐다. 저녁 9시경 비행기에서 내렸다. 비행기가 착륙할 때 라스베가스는 그야말로 전체 도시가 불야성이었다. 사막 한 가운데 세운 도시였다. 딴 세상이었다. 이곳에서의 관광도 평생 잊지 못할 기억에 남는 일이 되었다. 큰 위로와 기쁨의 미국 방문이었다. 새로운 것들을 보았다. 미 대륙을 횡단하면서 참으로 미국이 크다는 것을 실감했다. 새로운 문화를 경험하며, 아름다운 만남이 있었다. 환대를 받으니 참으로 행복했다.

   미국 방문 후에 스테이트 칼리지 한인 교회에서 청빙을 받았다. 하나님의 인도와 뜻을 간절히 구했다. 한국 내에서 사역지를 바꾸는 것은 마음에 허락이 되지 않았다. 그러면 개척한 교회를 사임할 이유가 없었다. 많은 생각과 고민을 하며 시간이 흘러갔다.

02
미국 대사관 비자사건

　IMF로 인한 교회의 어려운 문제가 해결되었다. 오직 하나님의 은혜였다. 교회가 부도나지 않은 것이 얼마나 감사한지... 공중분해 되지 않은 것이 너무나 감사했다. 그 어려움 중에서도 성도들이 흔들리지 않았다. 그것은 "그리스도의 은혜" 때문이었다. 복음 위에 서서 IMF의 상황을 온몸으로 부딪히며 함께 했던 성도들을 생각하면 지금도 눈물이 앞을 가린다. 물론 이 때 1년 8개월 정도 목회자 사례비를 전혀 받지 못했다. 아니 사례비 받을 재성이 없었다. 그러나 하나님은 한 끼도 굶기지 않으셨다. 까마귀를 통해서 먹여주셨던 구약의 역사처럼 먹여주셨다.

　미국에서 청빙을 빌고, 기도하기 시작했다. 교회를 사임하는 문제는 참으로 힘든 일이었다. 많은 생각이 오고 갔다. 개척하여 15년을 목회했던 사역지이기 때문이다. 교회의 힘든 어려운 문제가 다 해결 된 상황이었다. 교회는 평안한 상태였다. 당시 목회자들의 미국 입국이 참으로 어려운 상황이었다. 9.11 테러 사건 후에 R비자(종교비자) 받기는 까다롭고 거의 막힌 상태였다.

미국 스테이트 칼리지 한인교회에서 초청장이 도착했다. 마침 미국교회에서 협동 장로가 한국에 나와 있었다. 박인준 장로이다. 연세가 많았다. 그런데 연희전문(지금의 연세대학)을 나왔다. 학식이 높고, 훌륭한 인격의 소유자였다. 복음적 신앙위에 전도열정도 대단했다. 한국에서 인맥도 넓었다. 아들도 펜실베니아 주립대학에서 박사 학위를 받았다. 그리고 그 당시 아들이 항공대학 교수로 재직하고 있었다.

나에게 서류를 준비해 달라고 해서 요청한 서류를 준비해 전해줬다. 몇 주후에 미국 대사관으로 온 가족이 비자 인터뷰를 하라는 연락이 왔다. 교회의 어려움이 정리 된 후에 내 마음 속에 성령님의 인도가 있었다. 새로운 사역지로의 인도였다. 성전 부지를 사서 감당치 못하고 다시 매각했다. 나의 부족이 큰 시행착오를 가져왔다고 생각했다. 새로운 리더십으로의 교체가 되어야 한다는 생각이 들었다. 그러나 국내 사역이동은 마음에 허락이 되지 않았다. 미국 대사관으로 인터뷰를 받으러 갔다. 기대도 되었고, 떨리기도 했다. "오직 하나님의 뜻대로 되기를 원합니다." 속으로 기도했다. 하나님의 뜻이 아니면 미국 비자를 받지 못할 상황이다.

"사람이 마음으로 자기의 길을 계획할지라도 그의 걸음을 인도하시는 이는 여호와시니라(잠 16:9)."

사람들이 비자 인터뷰를 받기 위해 많이 와 있었다. 줄을 서서 기다렸다. 인터뷰 창구가 여럿 있었다. 두 명이 인터뷰를 진행했다. 한 명은 미국인이었고, 다른 한 명은 한국인 통역관이었다. 그런데 2번 창구에서 인터뷰를 하고 나온 사람마다 울상이 되어 나왔다. 비자거부를 당한 모양이었다. 나는 R비자(종교 비자)를 신청했다. 그 당시 참으로 통과되기 어려운 비자였다. 속으로 기도했다.

"하나님! 2번 창구를 피하게 해주세요."

우리 차례가 되어 호명했다. 순번을 따라 갔는데 2번 창구에서 인터뷰를 받게 되었다. 가슴이 철렁 내려앉았다. 순간 "안 되겠구나"라는 생각이 스치고 지나갔다. 호명에 대답하고, 인터뷰 창구 앞에 앉았다. 미국인 여자가 질문했다. 그리고 그 옆 자리에서 한국인이 통역을 해주었다. 여러 가지 질문에 솔직하게 대답했다. 그런데 질문 중간에 통역인이 나에게 속삭이듯 말했다. "이런 말을 해서는 안돼요." 하면서 미국인에게 다르게 통역해주었다. 하나님께서 통역사를 통해 일하시고, 통과가 되도록 한 것 같았다.

스테이트 칼리지 한인교회

03
미국행 비행기 속에서

　교단에서 진행하는 선교사 훈련을 받았다. 선교사로써 꼭 갖추어야 할 자세와 사역에 대한 훈련이었다. 사명감을 새롭게 다짐하는 좋은 기회가 되었다. 그리고 교단 총회에서 미국 선교사로 파송해 주었다. 지방회 주관으로 "선교사 파송예배"를 드렸다. 미국행 비행기를 타기 위해 짐을 정리했다. 버릴 짐이 많았다. 그리고 미국으로 가져갈 짐을 구분해서 챙겼다. 도착해서 급히 사용해야 할 짐은 이민 가방에 챙겼다. 나머지 짐은 배편으로 부쳤다. 큰 이민 가방이 8개였다. 네 식구가 한 명에 두 개씩이 가능했다. 그리고 작은 가방들은 준비해서 기내로 가지고 들어갔다. 무려 20개의 가방에 짐을 챙겼다. 엄청난 변화였다. 설레임과 걱정도 교차했다. 하나님께 기도하며 맡길 수밖에 없었다. 말씀을 붙잡을 수밖에 없었다.

"아무것도 염려하지 말고, 오직 모든 일에 기도와 간구로 너희 구할 것을 감사하므로 하나님께 아뢰라. 그리하면 모든 지각에 뛰어난 하나님의 평강이 그리스도 예수 안에서 너희의 마음과 생각을 지키시리라(빌 4:6-7)."

한편으로는 하나님께서 행하실 위대함에 대한 기대도 컸다. 영어실력이 없던 필자로서는 더욱 마음에 걱정이 되었다. 단지 미국으로 유학 온 한국학생을 대상으로 하는 사역이었다. 한국말로 설교하고, 전도하고 가르칠 사명이기에 결단을 내렸다. 그러나 미국에서 살아야 하는데… 미국의 삶에 잘 적응하려면 영어로 소통해야 하는데… 한 해가 저물어 가고 있었다. 2003년 12월 30일이 밝았다. 드디어 출국 날짜가 되었다. 오전 7시에 인천공항으로 출발했다. 비행기는 NW008편이었다. 출발시각은 10시 55분이었다. 미국 디트로이트 도착 예정 시간은 오후 3시 16분이었다. 시간 차 때문이었다.

인천공항에 도착 후 수속을 밟았다. 큰 이민가방 8개를 부쳤다. 그리고 당시 강서성결교회 조원집 목사의 축복기도도 후에 비행기에 탑승했다. 비행기는 제 시간에 굉음과 함께 힘차게 이륙했다. 인천공항에서 일본을 경유하는 비행기였다. 일본에서 미국 디트로이트까지 가야했다. 그곳에서 짐을 찾고, 입국 수속을 밟아야 했다. 다시 경비행기로 갈아타고, 스테이트 칼리지 공항으로 가는 여정이었다.

   비행기가 이륙하니 눈물이 펑펑 쏟아졌다. 만감이 교차했다. 많은 생각이 머릿속을 헤집고 다녔다. 뒷자리에는 딸과 아들이 앉아 있었다. 자녀들에게 눈물을 보이지 않으려고 숨죽여 속으로 울었다. 내가 우는 모습에 자녀들의 마음이 약해지지 말아야 한다는 생각이 들었다. 일본에 도착할 때까지 눈물이 마르지 않았다. 내가 정신을 차려야지… 하나님의 인도를 잘 받아야지…. 새로운 미지의 세계, 세계 최강국 미국, 언어도 통하지 않고, 문화도 다른 세계에서 사역을 잘 감당할 수 있을는지… 비행기는 나의 이런 마음을 아는지 모르는지… 빠른 속도로 구름 위를 비행하고 있었다. 미국 서부에서 동부로 대륙을 횡단했다. 비행기 아래로 변하는 미국의 풍경을 보았다. 날씨가 참으로 맑았기 때문에 볼 수 있었다. 눈물이 멈춰지고, 흥분되고, 기대가 되었다. 염려가 사라지고, 감사 기도를 드렸다. 크고 비밀한 일을 행하실 하나님이 기대되었다.

> "일을 행하는 여호와, 그것을 지어 성취하는 여호와, 그 이름을 여호와라 하는 자가 이같이 이르노라 너는 내게 부르짖으라. 내가 네게 응답하겠고, 네가 알지 못하는 크고 비밀한 일을 네게 보이리라 (렘 33:2 3)."

기도가 답이다. 하나님께서 행하실 일을 기대하자. 그리고 전심으로 기대하자. 내 인생의 운전대를 하나님께서 맡기자라는 생각이 들었다. 무사히 비행기는 미국 디트로이트 공항에 도착했다. 디트로이트 공항은 참으로 규모가 컸다. 공항 내 이동하는 공항철도가 머리 위를 지나다니고 있었다. 감사하게도 짐을 잃어버리지 않고 다 찾았다. 입국 절차도 무사히 통과했다. 스테이트 칼리지로 가는 경비행기로 갈아탔다. 기체가 너무도 흔들렸다. 금방이라도 추락할 것 같았다. 저절로 회개기도가 나왔다.

"하나님! 혹시 추락해도 천국으로 가게 해주세요."

04

미국 사역

　스테이트 칼리지 공항에 무사히 도착했다. 노승건 안수집사와 청년이 교회 밴을 가지고 나와서 기다리고 있었다. 디트로이트에서 비행기를 갈아 탈 때에 시간을 못 맞추는 경우가 많다고 했다. 우리 가족이 제 시간에 도착하니 너무도 기뻐하며 반갑게 맞이해 주었다. 미국 도착 후 첫날 저녁식사를 노승건 안수집사 집에서 정성스럽게 준비해 주었다. 부인 차인희 집사는 음식솜씨가 매우 좋았다. 식사 후에 여러 가지 미국 정착생활에 대한 대화를 나누었다. 그리고 계약해 놓은 아파트로 이동해서 첫날 저녁을 보냈다.

　미국생활의 정착을 위해서 노승건 안수집사(지금은 장로)의 희생적으로 많은 도움을 받았다. 미국에서의 사역은 IMF

때 체험한 그리스도의 복음의 비밀을 확실히 전하고 가르치는 사역이었다. 그리고 하나님의 소원인 복음전도 사역이었다. 미국사역을 간단히 정리하겠다.

첫째, State College Korean Church의 부교역자 사역

주일 오전 11시 예배에 사회를 보았다. 일주일에 2-3회 새벽 기도회를 인도했다. 그리고 교환 교수들이 한국에서 1년 기한으로 미국으로 왔다. 영적으로 갈급하여 성경공부를 사모하는 교수들에게 그룹별 성경공부를 인도했다. 신구약 66권을 구속사적 관점에서 성경을 가르쳤다. 창세기에서 나타난 그리스도, 출애굽기에서 나타난 그리스도, 레위기에서의 그리스도.... 구속사적 관점으로 보는 눈을 열어주도록 가르쳤다. 그리고 토요일 저녁은 청년, 대학부 담당 교역자로 예배를 인도하고 신앙을 지도했다.

둘째, Ebensburg Korean Church 사역

주일 오전 11시에 State College Korean Church에서 예배를 드린 후, 점심식사를 하며 교제의 시간을 가졌다. 그리고 차량으로 한 시간 거리를 이동했다. 그곳에 Ebensburg Korean Church가 있었다. 이곳에서 오후 3시에 주일예배를 드렸다. 은상기 담임목사와 격주로 나누어 설교했다. 설교하지 않는 주간은 사회를 인도했다. 이 교회는 미국교회를 빌려서 예배를 드렸고, 성도님은 대부분은 국제결혼 한 사람들이었다. 남편을 따라 오전은 미국교회에서 예배를 드렸다. 영어를 잘 구사했다. 그러나 한국말 설교를 듣고 싶어서 오후 3시에 주일예배로 다시 모였다. 예배를 마치고 나면 성도들이 한국음식을 푸짐하게 준비해왔다. 저녁은 풍성한 한국음식으로 만찬을 했다. 행복한 시간, 즐거운 교제의 시간이었다.

셋째, 대학사역

미국초청의 주 사역은 대학사역의 부르심이었다. 펜실베니아 주립대학(Penn State university) 본교가 있는 곳은 스테이트 칼리지(State College)였다. 처음 미국사역 시작은 Penn State University 본교 사역으로 시작했다. 대학전도사역을 청년, 대학부와 함께 했다. 유학생 사역은 나누고, 베풀고, 섬기는 사역이다. 한국에서 유학생이 온다는 정보를 여러 경로를 통해서 입수한다. 이메일로 서로 연락하며 전화통화를 하기도 한다. 미국 도착시간에 교회 밴을 가지고, 유학생들과 함께 나갔다. 그 때 나간 대학생은 학교선배로 같은 전공계열의 학생을 데리고 나갔다. 교회차로 짐을 싣고, 기숙사나 생활거처로 짐을 옮겼다. 그리고 식사를 함께 했다. 이 때 필자의 집으로 데리고 와서 식사를 할 경우가 많았다.

미국 사역 중에 공항에 나갔다 온 것이 약 80여 회가 넘는 것 같다. 도착하면 안내도 해주고, 마트도 알려 주고, 필요한 것들을 구입하는 일을 도와줬다. 미국 정착에 대한 케어를 하는 사역이다. 어떤 유학생은 미리 입국하는 학생들이 있었다. 기숙사나 생활할 방이 연결되지 않는 경우가 있다. 이때는 우리 집에서 함께 생활을 했다. 필자가 사는 집은 복층으로 방이 4개 있었다. 한 달 렌트비는 640 달러였다. 어떤 유학생은 며칠 내지 열흘까지 함께 살다가 가기도했다. 이 때 불신자에게 복음을 전하는 좋은 기회였다. 예수님을 영접했고, 예배 때에 교회로 인도하여 정착하도록 했다. 한국에서 신앙생활 하던 유학생들은 예수님의 제자로서 세워가는 사역을 했다. 그들에게 하나님의 소원을 품게 했고, 복음전도자로 세우는 사역에 집중했다.

그리고 시간이 지나 Penn State University Altoona Campus와 반대편으로 1시간 거리에 있는 Lock Haven University를 열어주셨다. 주 중에 세 대학을 시간을 정해서 방문했다. 성경공부와 제자훈련을 진행하면서 함께 복음을 전했다. 대학 사역 중에서 월요일 저녁은 본교에서 셀 리더 훈련을 진행했다. 그리고 셀 리더가 주중에 학교나 가정에서 셀 모임을 인도하게 했다. 캠퍼스 파수꾼기도회가 매주 1-2회 교정에서 진행되었다. 캠퍼스 복음전도를 위한 영적전쟁을 벌였다. 전도

훈련을 시키고, 함께 전도현장에서 복음을 전하는 사역을 진행했다.

넷째, 주중 성경 공부인도

주중에 여러 곳을 이동하면서 성경공부와 기도회를 인도했다. 월요일 저녁은 Penn State University 본교 셀 리더 훈련을 진행했다. 화요일에는 집에서 1시간 50분 거리에 있는 Jonhstown에서 한국인들을 위해서 성경공부를 인도했다. 수요일은 Lock Haven University에서 언어연수과정에 온 학생들에게 복음을 전하고, 양육모임을 가졌다. 목요일은 Altoona Campus에서 Bible Study를 진행했다. 금요일에는 구역예배와 철야기도회를 인도했다. 토요일 저녁은 청년, 대학부 예배를 인도하고, 2부 순서를 가졌다. 매주의 사역이 바빴지만 감사하고, 보람이 있었다.

스테이트 칼리지 한인교회에서 최종인 목사와 함께

05
딸을 한국으로 보내며

   딸의 이름은 "선민"이다. 한국에서 고등학교 3학년까지 다니고, 수능고사까지 보았다. 그런데 갑자기 부모가 미국선교사로 가게 되었다. 딸은 자기의지와 상관없이 미국으로 가게 된 것이다. 그리고 미국에서 다시 고등학교에 입학하게 되었다. 미국 학제로 10학년 2학기(한국의 고등학교 1학년 2학기에 해당됨)에 입학했다. 고등학교를 두 번 다니게 된 것이다. 그래서 같은 학년 학생들보다 나이가 많아 왕 언니로 불렸다.

   2년이 지나면서 나이가 21살이 되었다. 나이 때문에 더 이상 미국에 체류할 수 없는 상황이 되었다. 비자연장이 되지 않았다. 참으로 막막하고 풀기 어려운 일이었다. 딸은 고등학교를 다니면서도 스시집에서 알바를 했다. 미국에서 2개 대학을 합격했다. 그러나 가난한 선교사의 딸로 영주권이 없는 상태에서 엄청난 학비를 감당할 수 없었다. 더 있으면 불법 체류자가 된다. 한국으로 보낼 수밖에 없는 상황이 되었다.

　미국교회 성도들은 매우 안타깝게 생각했다. 딸을 한국으로 보내기 위해 짐을 쌌다. 그리고 해리스버그 공항으로 나갔다. 딸 선민이는 키도 작았고, 체구도 작았다. 그러나 어디 내놓아도 잘 헤쳐 나갈 것이라는 믿음은 있었다. 그러나 막상 한국으로 내보내려고 하니 마음이 너무 아프고 짠했다. 비행기 타러 들어가는 뒷모습을 볼 때 눈물이 왈칵 쏟아졌다. 차에 타서 내가 막 울었다. 눈물이 마르지 않았다. 나이를 먹을수록 남자에게서 여성 호르몬이 나와서 그랬을까?

　아내도 집에 와서 몇 일 동안 울었다. 딸의 떠나는 마지막 뒷모습이 떠올라서 잠을 이루지 못했다. 마침 한국에는 외할아버지와 외할머니께서 인천에 살고 있었다. 그래서 인천에서 함께 생활하게 되었다. 이 책을 집필하면서 딸에게 그 때의 심정을 물어보았다.

　"좀 후련했다. 미국에 평생 살기는 싫었다. 가족과 떨어져서 사는 것은 힘들었으나 가족이 다시 한국으로 돌아올 것이라고 생각했다. 감사히게도 외할아버지와 외할머니가 계셔서 한국에 들어오는 것이 크게 걱정 되지 않았다."고 했다.

딸은 혼자 한국에 나와 포항에 있는 '한동대학교'에 지원했다. 입학하기 어려운 학교였다. 그러나 하나님의 은혜로 합격하게 되었다. 한동대학교는 기독교정신으로 세워진 학교다. 미국식 교육을 도입했고, 영어로도 강의하는 학교였다. 당시 총장은 김영길 박사였고, 지금은 소천 했다.

"공부해서 남 주라"라는 기독교 정신이 함축된 교훈에 많은 감동을 받았다. 가난한 선교사의 딸이라 스스로 입학금과 학비와 기숙사비를 마련해야 했다. 인천 새빛교회(신상범 목사 시무)에서 장학금을 지원했다. 아는 몇 명의 지인들이 입학금을 지원했다. 그리고 아르바이트를 통해 600만원이 넘는 입학금, 학비, 기숙사비를 마련했다는 소식을 들었을 때 왈칵 눈물이 쏟아졌다. 딸에게 미안하고 감사한 마음이 들었다. 그러나 한편 자랑스럽고 대견했다. 하나님께서 지혜를 주셨고, 하나님의 인도와 동행을 보게 하셨다. 위대하신 하나님께 감사를 드렸다.

미국에 갔을 때 고등학교 생활적응이 얼마나 어려웠을까? 6개월간 영어가 들리지 않아도 매일 학교에 가야했다. 펜실베니아 주립대학이 있는 지역의 고등학교는 레벨이 높은 학교였다. 유학생들의 학비도 매우 비쌌다. 그러기에 부유한 집안 자녀들이 유학을 오는 곳이었다. 한국에서 의사 자녀들, 사업가 자녀들, 교수 자녀들이었다. 그 속에서의 학교생활은 얼마나 어려웠을까를 생각하면 지금도 짠한 마음이 든다. 세월이 흘러 딸은 결혼하여 세 명의 자녀를 둔 엄마가 되었고, 목사의 아내이기도 하다.

뉴저지 해변에서의 가족사진

06
한국으로의 귀국

  R비자(종교비자) 기간 만료일이 가까워졌다. 새로 연장 신청하기 위해서 변호사를 선임해야 했다. 그러나 변호사 선임비용이 없었다. 당시에 1,500달러 정도였다. 누구에게 빌리고 싶은 마음이 생기지 않았다. 아내는 한국으로 나가 일반목회 하기를 원했다. 한국에 계신 장인, 장모도 언제 나오는지 전화할 때마다 물어보았다. 딸 선민이도 한국에 들어와 대학을 다니고 있었다. 아들과 필자는 미국에 더 있고 싶어 했지만 하나님의 인도를 구했다.

  변호사 선임비용이 없어서 워싱턴DC에 무료로 서류 준비를 도와주는 곳을 찾아갔다. 스테이트 칼리지 한인교회 은상기 목사의 도움을 받았다. 은 목사는 경북대 의대를 나왔다. 미국생활을 오래해서 영어를 잘했다. 은상기 목사와 노승건 안수집사의 도움으로 영주권도 신청해 놓은 상태였다. 그러나 R비자(종교비자)가 연장되어야 미국에 체류하며 사역을 할 수 있게 된 상황이었다. 아내는 한국으로 돌아가길 원했다.

　미국의 유학생 사역은 새로운 사역이었다. 한국에서 단독 목회를 할 때는 김치나 음식을 성도들이 준비해 왔다. 그러나 유학생 사역은 많은 음식을 준비해서 섬겨야 했다. 아내는 평생 담은 김치보다 미국사역의 3년 6개월 동안에 더 많이 담았다고 말했다. R비자 연장여부로 하나님의 인도에 순종하기로 했다. R비자가 연장 되면, 미국 사역이 계속되고, 그렇지 않으면 한국으로 돌아와야 했다. R비자 연장이 거절 되었다. 하나님의 인도에 순종해야 했다. 한국으로 들어올 수밖에 없는 상황이 되었다.

　미국에 거주하던 아파트를 내놓고, 짐을 정리했다. 다시금 이삿짐을 챙겼다. 나그네 인생임을 실감했다. 저가 항공표를 예매하여, 디트로이트에서 많은 시간을 기다렸다. 무려 25시간에 걸쳐서 인천공항에 파김치가 되어 도착했다. 다시 한국의 사역을 기대하며 새로운 삶이 시작되었다. 한국에 나와 보니 거처할 곳이 없었다. 마침 수소문 끝에 인천복된교회(류우열 목사 시무)에서 운영하는 선교사 숙소에 머물렀다. 인천복된교회는 에성에서 모범적으로 부흥한 좋은 교회다. 이 교회

장영희 사모는 전도의 달인이기도하다. 선교사 숙소는 아파트로서 안락하고 평안하게 지낼 수 있었다.

2개월 정도 지내면서 거처할 곳을 준비했다. 아직도 한국에서의 임지가 연결되지 않은 상태였다. 2007년 7월에 귀국해서 12월까지는 안식의 시간을 가질 계획을 했다. 그때까지도 한국의 여러 교회들이 선교비를 보내 주고 있었다. 넉넉하지는 않지만 생활할 수 있었다. 아들은 미국에서 고등학교를 다니다 귀국했기 때문에 한국의 고등학교 전학에 많은 신경이 쓰였다. 하나님의 인도로 서울 사당동 시민교회에 4대목사로 부임하였다. 아들은 당곡고등학교를 입학하게 되었다.

5부

예심전도

1. 예심전도와의 만남
2. 예심전도의 개발자 김기남 목사
3. 예심전도훈련 리더십 과정에 입학
4. 훈련을 쉬다
5. 전도하는 목사로 남으라
6. 예심전도의 타월성
7. 전도를 잘하려면

01
예심전도와의 만남

　예심전도훈련 교재 중에 "행복내비게이션"이 있다. 첫 장을 열자마자 "인생에서의 만남이 중요합니다."로 시작된다.

　"어떤 나라에서 태어났느냐에 따라 그의 국가가 결정되고, 어떤 부모를 만나느냐에 따라 가문이 결정되고, 어떤 배우자를 만나느냐에 따라 그의 가정이 결정되고, 어떤 종교를 만나느냐에 따라 영생이 결정되고 예수 그리스도를 만나는 인생과 예수 그리스도를 만나지 못한 인생은 출발부터 끝까지 다릅니다." 무엇을 만나느냐? 누구를 만나느냐? 어떤 단체를 만나느냐? 어떤 교회를 만나느냐에 따라 인생이 달라진다.

필자의 인생을 춤추게 한 터닝 포인트는 예심전도를 만난 사건이다. 2013년 5월 초에 국민일보를 보게 되었다. 광고 난에 '예심전도 집중훈련'이 있다는 소식을 접하게 되었다. 그 광고를 보는 순간 성령님의 강력한 인도하심이 있었다. "꼭 가야지"하는 사모하는 마음을 주셨다. 결단하고, 2013년 5월 20일-22일까지 은평구 불광동 팀수양관에서 진행된 2박 3일 집중컨퍼런스에 참석하였다.

전에도 전도를 해보려고 많은 몸부림을 쳤다. 전도세미나와 훈련에 참석했고, 이런 방법, 저런 방법을 시도해 보았다. 훈련에 참석하여 처음으로 김기남 대표목사를 만났다. 이 만남과 훈련이 필자의 인생을 새롭게 출발시키는 계기가 되었다. 인생을 행복하게 변화시켰다. 사역에 새로운 인도를 받게 되었다. 낮에는 예심전도 이론 강의와 간증이 있었다. 저녁에는 전도부흥회로 진행했다. 여기서 충격과 은혜를 받아 훈련받기로 결심하게 되었다. 전도에 대한 도전을 받았고, 새 힘을 얻게 되었다.

그 중에서 두 가지 충격 받은 은혜를 소개한다. 김기남 대표목사의 부흥회 중에

"예수는 그리스도입니다."

인생 모든 문제 해결자입니다. 아멘!
아! 맞습니다.

백 프로 동의했다. 필자는 개척 후 509평의 성전 부지를 매입하고, 2년이 지나 IMF를 만났다. 죽음에 가까운 고통과 파산의 위기에 처하게 되었다. 그런데 새벽기도회에서 "예수는 그리스도다"라는 사실적인 체험을 했다. 그리고 감사의 눈물과 찬양을 드렸다. 그리고 예심전도가 성경적이고, 본질을 추구하는 전도방법 임을 알게 되었다.

두 번째로 충격 받은 은혜로는 전도에 대한 부담을 내려놓게 되었다.

"전도는 사람을 데려오는 것이 아니라, 복음을 전하는 것이다."

복음의 내용은 예수가 그리스도 되었다는 사실이다.
이것은 전도에 대한 새로운 접근이었다. 이 전도에 대한 정의가 "전도혁명"을 일으켰다. 전도에 대한 새로운 패러다임의 전환이었다. 이 부분에 대한 자세한 내용은 내가 발견한 "예심전도의 탁월성"에서 간증하고자 한다.

02
예심 전도의 개발자 김기남 목사

　예수님 마음 전도법과 함께 하는 대한민국 전도축제 "9.1 Day(구원데이) 하계 수련회"가 지난해 8월 15일-17일까지 강원도 원주시 지정면에 소재한 오크밸리 리조트에서 있었다. 지난해 처음으로 개최된 "9.1 Day(구원데이) 축제"는 전도하는 기독교문화운동 프로그램 중의 하나이다. 김기남 목사는 "이 세상에도 발렌타인 데이, 화이트 데이, 빼빼로 데이 등 수많은 세상문화가 있다"고 하면서 "전국에 흩어져 있는 한국 교회들과 함께 매년 9월 1일을 9.1 Day(구원데이), 영혼 구원의 날로 정하고, 상, 하반기에 각각 40일 작정전도를 통하여 교회마다 죽어가는 영혼을 살릴 수 있는 9.1 Day 운동에 앞장서겠다"고 당찬 포부를 밝혔다. 김기남 목사를 소개하겠다.

김기남 목사의 평생 목회철학은 전도하다가 죽는 것이다. 그는 평신도 시절부터 지금까지 25년간 5만여 명에게 복음을 전했다. 이 전도 노하우를 교단과 한국교회에 전수해 전도하는 기독교문화를 만들어 가겠다는 게 초지일관 그의 변하지 않는 비전이다.

김기남 목사는 성균관대 경영대학원, 중앙대 신문방송대학원 수료, 코헨신학대학 B.A 과정, 국제신학대학원대학교 M.Div, 연세대 연합신학대학원, 미국피드먼트대학 박사과정을 졸업했다.

한국기독교출판협의회 임원을 역임하고 국민일보목회자포럼 상임부회장, 국제신학대학원대학교 교목실장, 예심교회 담임목사, 예심전도사관학교 학장, 사단법인 예심선교회 대표를 맡고 있다. 김 목사는 현재 예장개혁 총회장, 한국교회총연합 공동대표, 미국피드먼트 대학교 부총장이다.

그의 저서로는 '인생 매뉴얼(전도메시지 훈련교재)' '인생 최고의 만남(복음세시교재)' '인생내비게이션(초신자 양육교재)' '천국내비게이션(복음제시교재)' '기독교ABC(전도 접촉 및 정착교재)' 등 11권의 저서가 있다. 그는 연세대학교 연합신학대학원 공로패, 서울신문 올해의 종교인상, 국민일보 기독교교육 브랜드대상, 국제신학대학원대학교 총동문회 공로

패, 국민일보 미션어워드 5년 연속 수상, 대한민국 대한국민 대상을 받았다.

김 목사는 예심전도사관학교에서 훈련 받은 목회자들을 통해 전도의 부담으로부터 자유하고 목회의 돌파구를 열어가는 '9.1 Day(구원데이) 운동'을 시작하고 있다.

김기남 목사는 "한국교회의 전도가 잘 안 되는 진짜 이유를 목회자가 먼저 겁먹고 전도하지 않기 때문"이라고 진단했다. 이어 "전도는 아무런 준비도 없이 막연하게 현장에 나가는 것이 절대 아니다"라면서 "비신자의 언어, 공감의 언어로 다가서서 성령의 능력에 힘입어 복음을 전하겠다는 자세가 필수다. 전도자가 반복 훈련을 통해 예수님의 마음을 간절히 전하면 영혼이 주께 돌아오는 역사가 반드시 일어날 것이다"고 주장했다. 위의 내용은 목회자 사모신문 2022년 7월 6일 제584호(통권 616호)에 실린 내용이다.

필자가 김기남 목사로부터 전도훈련을 받고, 가까이에서 사역하면서 볼 때에 사역에 대한 열정이 대단하다. 하나님께서 주신 비전에 붙잡혀 살고 있다. 젊었을 때부터 사업을 하면서 얻은 경험과 학교 공부를 통한 경영능력이 탁월하다. 이론과 실제를 겸비한 탁월한 전략가이다. 영혼을 사랑하고, 양보하며, 타인을 배려하는 성품의 소유자이다. 주님을 사랑하며, 배우며 가르치기를 좋아한다. 영적 리더십의 소유자로 한국 교계와 교단에 영향력 있는 지도자이다. 복음전도를 통해 교회를 세우며, 민족 복음화와 세계선교를 위해 희생을 감수하는 사명자로 존경과 사랑을 받고 있다.

김기남 목사가 이런 전도자요, 목회자이며 영적지도자가 되도록 신학적으로 가르친 멘토 강신권 박사가 있다. 강 박사는 아론 제사장 가문의 147대손 게리 코헨 박사와 함께 코헨대학교를 설립하여 초대총장을 지냈고, 제사장 가문에만 전수 되어 온 성경해석의 비밀을 보급해 왔다. 그 대표적인 것이 키아즘 성경해석, 테필린(Tefillin, 암송)교육, 학가다(Haggadah, 반복)교육 등이다.

강 박사는 "유대인들은 말씀 전수에는 성공했지만 세계선교에는 실패했고, 기독교는 세계선교에는 열심이지만 말씀 전수에는 취약하다"고 지적한다. 헬라식 사고는 분석하고, 쪼개는 사고이지만 히브리 사고는 붙이는 사고 즉, 통전적, 통합적, 통섭적 사고체계다. 유대인들이 이런 히브리식 사고방식으로 성경을 기록했다. 그래서 우리도 히브리식 사고를 이해해야 비로소 하나님의 의도에서 성경을 바로 알고, 전수할 수 있다고 강조한다. 하나님의 의도는 하나님의 목적, 계획, 뜻이나.

03
예심전도훈련 리더십 과정에 입학

  2박 3일 예심전도 집중훈련을 통해 훈련에 대한 강력한 동기부여를 받았다. 매주 목요일에 훈련하는 리더십 과정에 2013년 6월 13일에 등록했다. 본부가 있는 부천예심교회를 찾아갔다. 아직 예배당 건축전이라 지하에 있었다. 훈련의 열기가 뜨거웠다. 전도를 사모하는 사람들이 훈련 받고 있었다. 성령께서 강력하게 역사했다. 처음은 부담되었으나 전도현장에 나갔다. 매주 목요일의 훈련 시간이 기다려졌다. 다음 주 훈련이 기대 되었다. 사역에도 새 힘을 얻었다. 첫 시간에 훈련자의 자세에 대한 강의가 있었다. 예심전도사관학교 워크북을 통해 훈련시켰다. 훈련자세가 너무도 중요함을 깨달았다. 그리고 열심히 모범적으로 훈련 받기를 결심했다.

1) 시키는 대로 하라

"똥개도 훈련 받으면 명견이 된다." 계급장 떼어 놓고 훈련 받아야 한다는 것이다. 전도자는 강한 훈련을 통해 세워지기 때문에 훈련에 복종해야 한다.

2) 절대로 결석하지 말라

훈련을 제일 우선순위에 두어야 한다. 일정을 조정해야 했다. 매주 목요일 훈련 날에는 다른 계획을 잡지 않았다. 가장 중요한 일이었다. "결석과 지각은 습관이 된다. 습관은 운명과 인생을 바꾼다." 결석과 지각을 방지하기 위해 벌금제도도 도입했다.

3) 숙제에 생명을 걸어라

"숙제를 안 하는 사람은 인간성이 지저분한 사람이다." 라는 자극적 내용으로 숙제를 강조했다. 읽기 숙제의 분량을 매일 정해줬다. 훈련 교재가 여러 권이다. 그 내용은 원색적인 복음이었다. 또한 불신자들이 이해할 수 있는 언어로 되어 있다. 그리고 그림 언어를 통해 더욱 친근감이 있었다. 읽기 숙제를 통해 은혜를 많이 받았다. 어떤 때는 시간에 쫓기어 밤 늦게 읽기도 했다. 몰아서 읽기도 했다. 그러나 인간성이 지저분한 사람이 되지 않기 위해 노력했다.

4) 대가를 지불하라

"공짜는 짝퉁을 만든다." 훈련에 마음을 담아야 했다. 입학금도 스스로 내도록 했다. 어느 교단 목사가 몇 명의 목사에게 입학금 전액을 내주었다. 예심전도 훈련이 너무 좋아서 헌신할 마음이 있었다. 예심전도 훈련 받으면 전도가 되어 지고, 교회가 부흥 될 것이라는 확신이 있었기 때문이다. 그러나 입학금을 내준 목사님들이 제대로 훈련을 받지 않아 실망했다는 소리를 들었다. 대가를 지불 할 때 진품이 나오는 법이다.

5) 적자생존 / 전도 핸드북

"전도 핸드북은 나 자신을 오이지로 만드는 교관이다." 적어야 산다. 현장 전도를 다녀와 적어서 보고 했다. 김기남 대표 목사님의 강의도 열심히 적었다. 조별 나눔도 기록하면서 나 자신을 돌아보았다. 나는 원래 메모하기를 좋아한다. 그러니 열심히 쓰고, 또 썼다. 쓰는 것이 참으로 재미있다.

6) 열매를 기대하지 말라

"전도를 몇 명 했느냐 보다 더 중요한 것은 내가 전도의 삶을 살고 있느냐?" 하는 것이다. 전도자는 씨 뿌리고, 물주는 사명을 감당하면 된다. 싹이 나고 자라게 하고, 열매 맺게 하는 분은 하나님이시다. 하나님의 사역과 나의 사역을 잘 알아야 한다. 하나님의 사역을 내가 하려고 하면 안 된다. 열매를 주목하다 보면 포기하는 경우가 많다. 전도는 결코 실패가 없다. 우리는 씨를 뿌리면 된다. 우리의 사명은 복음을 전하면 된다.

7) 반드시 40일 작정 전도를 하라

"40일 작정전도는 전도사관학교의 필수 과목(수료논문)이다. 자신과의 계약이 필요하다." 현장 전도훈련에서 작정 전도는 참으로 중요하다. 작정이 능력이다. 작정이 게으름을 이기게 한다. 작정을 통해 전도가 체질화 되어 간다.

8) 전도하지 못하는 것을 두려워하고, 실수 하는 것을 두려워하지 말라

전도는 마귀와의 영적전투이다. 그렇기 때문에 전도현장에 나가기가 두렵다. 이 핑계 저 핑계를 대면서 미룬다. "전도는 왕도가 없다. 현장을 뚫는 것은 전도의 첫 발걸음이다." 하나님께서 가장 기뻐하시는 전도에 도전하는 것은 가장 복된 인생이다. 최고의 축복을 빈 것이다.

9) 슬럼프를 극복하라

"진행하면서 방해 세력이나 부정적인 생각이 올 때 축복을 막는 사단의 전략임을 깨달으리." 훈련과 진도현장 사역을 하면서 슬럼프가 올 때가 있다. 예심전도훈련을 포기해서는 안 된다. 그래서 나온 어록이 있다. "포기는 배추 포기 밖에 없다." 슬럼프를 극복하면 한 단계 더 성장한다.

10) 3년만 전도에 미쳐라

"누구든지 3년만 전도자로 훈련 받으면 일평생과 영생이 행복해진다." 전도자로서의 마인드가 되어야 한다. 체질을 바꾸어야 한다. 그렇기 위해서는 단기간으로는 안 된다. 3년 동안 올인(All-In)해서 훈련 받으라. 그리고 현장 작정전도를 지속하라. 그러면 전도가 체질화 되고, 삶이 전도요, 전도가 삶이 된다. "처삼촌 벌초하듯 하면 안 된다." 뺀질이가 되어서는 안 된다. 그러면 시간만 흐른다. 집중하고, 시키는 대로 훈련 받으면 된다. 전도에 올인 하는 "전미자(전도에 미친자)"가 되어야겠다고 결심했다. 첫 시간 "전도자의 자세"에 대한 강의는 마음을 새롭게 했다.

04

훈련을 쉬다

대략 1년 정도 3학기를 수료하면서 훈련에 참여했다. 그러는 중에 2014년 8월에 교단 신학교에 부름을 받았다. 성결교 신학교에 강의를 담당하고, 교학처장으로 부임해 달라는 요청이었다. 처음에는 정중히 사양했다. 그 당시 박사학위가 없었기 때문에 핑계를 댔다. 그러나 새로 학장으로 취임할 서순석 목사(은현교회 담임)의 간곡한 부탁이 있었다. 부담은 되었으나 기도하면서 순종하기로 했다.

학교에서 맡겨주는 강의를 열심히 준비했다. 행복하게 가르치는 사역을 하게 되었다. 보람도 있었다. 그러던 중에 성결대학교 '제자반' 강의도 열어주셨다. 복음전도 차원에서 사명을 감당했나. 신학교 교학처장의 직임을 맡고 보니, 박사학위가 없는 사람은 나뿐이었다. 필자가 있을 자리가 아니라는 생각이 들기도 했다. 그러나 최선을 다해 감당하도록 노력했다.

그 때 하나님의 강한 인도가 있었다. 박사논문을 써야 되겠다는 결심을 주셨다. 전에 생각은 목사면 됐지 굳이 박사학위가 뭐 필요하냐는 생각을 갖고 있었다. 그러나 교수사역을 하니 생각이 바뀌었다. 미국에 약 4년간 선교사 사역을 하는 동안 미드웨스트 대학(Midwest University)에서 리더십 박사학위 공부를 해 놓은 것이 있었다. 공부해서 학점을 받아 놓았으나 한국에 급하게 나오느라고 논문을 쓰지 못했다.

나이가 들어서 다시 공부를 시작한다는 것이 부담이 되었다. 그러나 하나님께서 힘을 주시고, 밀어주셨다. 마침 한국에 분교가 있어 강의가 진행 되고 있어서 부족한 학점을 땄다. 종합고시를 보고, 논문을 쓰게 되었다. 한계를 느낄 때도 많았고, 내 자신의 부족함을 발견하였다. 중간에 포기하고 싶은 마음도 들었다. 그러나 지금 하지 않으면 평생을 후회할 것 같은 마음이 들었다. 하나님의 도우심과 은혜로 논문이 통과되었다.

2016년 6월 17일 박사학위를 받으러 아내와 함께 미국으로 떠났다. 2주간의 일정으로 출발하였다. 그리고 졸업세미나와

학위수여식에 참석했다. 새벽예배 시간에 설교를 할 수 있는 기회를 주셨다. 교수들과 박사학위 수여대상자들에게 예심전도메시지로 설교했다. 은혜로운 시간이었다. "The Degree of Doctor of Leadership"이란 학위를 수여 받았다. 참으로 꿈꾸는 것 같았고, 하나님의 인도하심에 감사했다.

학위수여식을 마치고, 학교가 있는 세인트루이스를 관광했다. 그리고 LA로 넘어가서 라스베가스와 그랜드 캐니언과 서부에 여러 지역을 관광했다. 아내와 나는 참으로 행복한 시간을 보내고 한국으로 돌아왔다. 하나님의 크신 사랑과 은혜는 측량할 수 없었다. 대학에 갈 형편도 못 되었던 필자, 자살을 두 번이나 시도 했던 어리석은 사람을 고학으로 여기까지 인도해 주신 하나님의 은혜를 생각하니 감사의 눈물이 펑펑 쏟아졌다.

성결교신학교 강의와 교학처장으로 섬기며 박사논문을 쓰느라 예심전도훈련을 중단했다. 나갈 정신적 여유가 없었고, 시간도 없었다. 그러다보니 전도사역에 동력을 잃어버리게 되었다. 예심전도훈련에서는 "입학은 있어도 졸업은 없다." 3학기 수료만 있을 뿐이다. 1학기는 원리 중심, 2학기는 메시지 중심, 3학기는 현장 중심으로 훈련한다. 매주 한 번씩 모여 훈련하는 것은 전도의 구심섬이다. 이 때 전도의 동력을 받고, 새 힘을 얻는다. 성령께서 역사하신다. 성령 충만을 받는다. 그 결과 교회사역, 현장 전도사역에 승리하게 된다.

훈련을 쉬면 안 된다는 것을 체험했다. 리더십 과정이 지금은 "예심전도사관학교"로 명칭이 바뀌었다. 예심전도사관학교가 세워진 중요한 이유가 있다. 강한 훈련을 통해 전도를 지속하는 전도자를 세우기 위함이다. 한국에서 장교를 배출하는 강한 훈련을 하는 곳이 육사, 해사, 공군사관학교다. 다시 훈련 받기로 결단하고, 2016년 1월 14일 일일세미나에 참석했다. 세미나에서 새로운 도전과 은혜를 받았다. 그리고 긴 방학을 끝내고, 매주 목요일마다 훈련에 참여하게 되었다.

학위 수여식 사진

05
전도하는 목사로 남으라

긴 방학을 끝내고, 다시 예심전도대학 리더십과정에 참여했다. 시키는 대로 순종하면서 훈련을 받으려고 노력했다. 그러던 중에 조장으로 섬기는 복을 받았다. 조장으로 사역하니 더 모범적으로 훈련에 임해야 했다. 리더십도 개발되는 것 같았고, 좋은 만남에 감사했다. 목회사역과 학교사역 그리고 전도훈련까지 더해졌다. 오라는 모임도 많았다. 교단의 정치에도 본의 아니게 뛰어들게 되었다. 바쁜 시간이었다. 그러니 전도에 집중하지 못하니 갈등도 왔다.

그러던 중 성령님의 강력한 영적 감동이 있었다. "전도하는 목사로 남으라." 시무하던 교회를 사임할 환경이 생겼다. 마음으로도 갈등이 있었다. 깨달은 것은 우리에게는 우연이란 없다는 것이다. 모든 것이 하나님의 인도이고, 섭리였다.

"전도에 미쳐보고 싶다. 그러나 미쳐지지 않는 것이 더 미치겠다."

 2019년 6월 24일부로 시무하던 교회를 사임했다. 나이를 보니 은퇴나 다름이 없었다. 그러나 하나님께서는 다시 도전할 마음을 주셨다. 두 곳에서 부임하라는 이야기가 오고 갔다. 기존교회를 부임하려고 했다면 교회를 사임하지 않았을 것이다. 그리고 마음이 내키지 않았고, 확신도 생기지 않았다.

 2019년 6월 25일 새벽이었다. 6.25 전쟁을 기념하여 영적 전투의 최전방인 전도현장으로 나갔다. "40일 충청남북도 순회전도"를 출발했다. 전도에 미쳐보고 싶다. 전도하는 목사로 남으라는 하나님의 명령에 순종하고 싶었다. 필자의 모습을 보니 아직도 생각이 안 바뀌고, 체질이 바뀌지 않았다. 쉽게 변화되지 않는 모습을 보면서 실망했고, 좌절하기도 했다. 40일 순회전도를 결단하고, 기도하던 중에 계획서를 준비했다. 그리고 지인들에게 기도를 부탁했다. 그 당시 계획서를 그대로 올린다.

【40일 순회전도 계획서】

1. **목적** : 하나님의 소원이고, 예수 그리스도의 지상 최대 명령인 복음 전파를 통하여 하나님의 나라를 확장하는데 그 목적이 있다.
2. **목표** : (1) 하나님의 사랑 회복과 체험
   (2) 영적 회복을 통한 영혼 사랑
   (3) 예수님 마음을 품은 전도의 체질화
3. **주제** : "하나님의 소원을 품고"
4. **말씀** : 딤전 2:4, 행 5:42
5. **전도유형** : 메시지 전도, 능력 전도, 개인전도
6. **일정** : 2019년 6월 25일 - 8월 3일까지(40일 간)
7. **지역** : 충청지역(읍, 면, 시 단위를 중심으로)
8. **전도용품** : 예심전도무기(명함 전도지, 만화 전도지, 행복 내비게이션, 천국 내비게이션, 인생 내비게이션, 기독교 ABC), 전도물품 : 찬조 받기
9. **숙박계획** : 하나님께서 인도하는 곳(교회, 기도원, 텐트, 마을회관, 민박)

10. **식사 계획** : 직접 취사와 지역 식당에서
11. **하루 시간 계획**:

    (1) 4시간 : 기도와 말씀, 전도 메시지 읽기

    (2) 2시간 : 현장전도

    (3) 2시간 : 전도 여행 점검 및 전도 일지 쓰기

    (4) 나머지 시간은 휴식 및 충전의 시간
12. **기도 제목**

    (1) 하나님의 소원을 품고, 성령님의 인도를 온전히 받게 하소서

    (2) 구원 받기로 작정 된 영혼을 만나서 확실한 복음을 전하게 하소서

    (3) 하나님의 사랑을 체험하며 영혼 사랑의 발걸음이 되게 하소서

    (4) 하나님의 행하시는 일과 시간표를 정확히 보게 하소서

    (5) 전도의 체질화와 생활화가 되게 하소서

    (6) 전도자인 이주용 목사의 건강, 안전, 만남의 축복을 주소서

    (7) 준비가 잘 이루어지고, 필요도 넘치도록 채워주소서

하나님의 소원인 하나님 나라 확장을 위해 기도해 주시면 감사하겠습니다.

많은 중보기도자의 기도와 후원에 힘입어 40일 순회전도를 마쳤다. 많은 만남, 복음 증거, 영접, 교회들의 상황을 보았다. 여름철 뜨겁고 고생 되었으나 마음으로는 감사하고 행복한 시간이었다. 순회전도를 마치고 "2019년 전국연합전도수련회"가 2019년 8월 12일부터 14일까지 오산 광은기도원에서 진행 되었다. 750여명이 참석하여 은혜 가운데 진행이 되었다. 이때에 순회전도보고 및 간증을 하게 되었다. "All in Plus All in"을 주제로 "예수께 올인, 전도에 올인, 12제자에 올인"이란 구체적인 내용으로 진행되었다. 사진과 PPT 자료를 준비하여 순회전도를 진행한 사례를 보고했다.

순회진도사진

06
예심 전도의 탁월성

필자는 예심전도훈련을 받고, 행복한 전도를 하고 있다. 전도의 부담에서 벗어났다. 전도현장에서 최고의 힘을 얻고 있다. 예심전도를 만난 것은 인생에서 가장 복 된 터닝 포인트가 되었다. 필자가 체험한 예심전도의 탁월성을 간증하려고 한다.

1) 전도의 혁명을 일으켰다.

전도가 안 된다. 코로나 시절에도 전도를 하냐? 지금도 전도가 되냐? 이럴 때 하면 욕 얻어먹는다. 그래서 하지 않고, 포기상태에 있는 것이 현실이다. 전도에 대한 실패감에 사로잡혀있다. 그러나 예심전도는 코로나 중에도 훈련을 진행했고, 현장전도를 나갔다. 피켓전도를 했고, 상가전도도 했다. 스마트폰을 사용해 영상 전도지로 복음을 전했다. 이렇게 전도훈련하고, 전도할 수 있던 원인이 무엇일까? 그것은 전도에 대한 바른 정의를 발견했기 때문이다. 전도에 대한 패러다임을 바꿨기 때문이다. "전도는 사람을 데려오는 것이 아니라 복음을 전하는 것이다. 복음의 내용은 예수가 그리스도다." 초대교회 성도들이 성령충만을 받았다(행 2:1-4).

그리고 한 일이 무엇일까?

"그들이 날마다 성전에 있든지 집에 있든지 예수는 그리스도라고 가르치기와 전도하기를 그치지 아니하니라(행 5:42)."

어느 곳에 있든지 예수가 그리스도 되심을 가르치고 전했다. 예심전도에서는 많은 어록들이 있다. 전도하면서 체험한 것들이다.

"전도보다 빠른 것은 없다.
전도 안에 다 있다. 전도 안에 인생을 담으라.
전도 안에 목회를 담으라."

예심전도는 사람을 데려오는 것이 목적이 아니라, 복음을 전하는 것을 목적으로 훈련시키고 있다. 복음을 전하니 성령께서 역사하시고, 하나님의 때에 영혼을 하나님이 보내주신다. 예심전도는 이벤트가 아니다. 훈련을 통하여 전도자를 세워가는 것이다. 그렇기 때문에 중단 없이 전도를 지속할 수 있다.

2) 철저히 본질을 추구한다.

예심전도는 부흥의 수단으로서의 전도가 아니다. 성경적 전도의 의미를 되살린 전도법이다. 모든 것의 출발은 성경이다. 성경이 기준잣대가 되어야 한다. 성경은 본질을 말하고 있다. 길을 잃었을 때 어떻게 해야 할까? 어떻게 할 때 잃었던 길을 가장 빨리 찾을 수 있을까? 잘못된 길로 가면 갈수록 목적지와 더 멀어지게 된다. 가장 빨리 찾는 방법은 출발점으로 돌아가는 것이다. 그래서 다시 찾는 것이다. 예심전도는 성경적 본질을 추구한다. 성경적 원리를 찾아 전도훈련을 시키는 탁월성이 있다.

3) 교회론적이고, 목회론적이다.

예심전도는 교회중심으로 교회를 세우는 전도방법이다. 목회자는 행복한 목회를 성도들은 행복한 신앙생활을 할 수 있도록 훈련한다. 종합적인 목회의 틀 속에서 건강한 교회로 세워가는 전도법이다. 예심전도는 교회 구성원 전체에게 복음 메시지를 지속적으로 들려준다. 그러므로 구원의 확신을 갖게 하는 전도법이다. 또한 목회방향을 "전도중심목회"로 만들어 갈 수 있는 전도법이다. 교회는 구조적으로 개혁해야 한다. 전도 중심적 교회, 전투함의 교회, 공격형 교회구조로 혁명을 일으켜야 한다. 그리고 성도들의 의식구조의 혁명을 일으켜야 한다. 하나님의 소원을 알고, 예수님의 마음을 품어야 한다. 예수님을 보내신 목적을 붙잡아야 한다.

"하나님은 모든 사람이 구원을 받으며 진리를 아는 데에 이르기를 원하시느니라(딤전 2:4)."

예심전도는 자기 자신을 전도하고, 교회 안에 있는 기존성도들을 전도하고, 밖에 있는 불신자를 전도한다.

4) 원리가 분명하다.

예심진도는 분명한 원리 위에 세워신 선노법이다. 원리가 분명해야 무너지지 않는다. 지속할 수 있다. 그렇기 때문에 예심전도는 되어 지고 있다. 훈련시키는 대로 하면 된다. 왜냐하면 성경적 원리, 핵 원리, 파레토법칙, 임계점원리, 문화원리 위에 세워진 전도법이다. 이 원리에 세부적인 내용은 뒤에서 다시 언급하겠다.

5) 전도의 무기가 강력하다.

전도무기란 현장전도 할 때에 사용하는 전도메시지를 칭하는 것이다. 전도는 영적 전투이다. 마귀의 자녀를 하나님의 자녀로 정권을 교체시키는 일이다. 그렇기 때문에 사람으로는 할 수 없다. 하나님께서 하신다. 하나님은 준비되고, 훈련된 전도자를 쓰신다. 예심 전도의 무기는 현장에서 만들어진 것이다. 김기남 대표목사가 평신도 때부터 발로 뛰면서 만들어진 무기이다. 불신자의 눈높이에 맞춘 전도메시지로 훈련을 시키고 있다. 맞춤형 전도메시지이고, 그림언어로 준비 되어 있다. 유형별 전도무기가 다양하게 준비 되어 있다.

6) 훈련 시스템이 잘 되어있다.

전도자는 훈련을 통해 세워진다. 예심 전도는 유대인의 천재교육방법론을 접목하여 훈련시키고 있다. 그것은 학가다와 하브르타 교육방법론이다. 학가다는 반복 교육이다. 반복 훈련을 통해 체질을 변화시켜 평생 전도자로 세운다. 하브르타 교육은 "말하기 교육"이다. 예심 전도 훈련은 조별발표, 조별나눔, 현장전도 후 보고 등을 통해 훈련한다. 훈련에는 메시지훈련과 현장훈련을 체계적으로 철저히 시킨다. 전도 메시지는 녹음해서 보고 하도록 한다. 그리고 현장 전도는 현장 전도 보고서와 사진을 각 지부 밴드에 올려서 보고하도록 체제를 갖추고 있다.

  7) 상담학적으로도 탁월하다.

 소통은 너무도 중요하다. 소통이 잘 될 때 오해와 왜곡현상이 일어나지 않는다. 소통 되지 않아 비극적인 큰 사건이 발생하기도 한다. 전도자와 전도대상자는 메시지로 소통해야 한다. 복음은 하나님께 연결하는 다리와도 같다. 전도할 때에 상대방의 마음을 읽을 수 있어야 한다. 감정이 상하면 어떤 말도 들리지 않는다. 그러므로 세심한 배려가 있어야 한다. 잘 경청해 주어야 하고, 공감해 주는 것이 중요하다.

 필자는 현재 성결대학교에서 현대인과 기독교, 현대인과 성경을 강의하고 있다. 일반학부 1학년을 중심으로 한 교양 필수과목이다. 부교가 85% 정도 된다. 전도현장이기에 참으로 감사하며 사역하고 있다. 강의할 때 부담을 주거나 강요해서는 역효과가 일어난다. 학교강의 후 상담학교수와 식사할 기회가 있었다. 식사 후 차를 마시면서 예심전도를 소개했다. 훈련하면서 있었던 실제 선노현상 사례를 나누었다. 내 이야기를 듣던 상담학교수는 이렇게 말했다.

"예심 전도법은 참으로 상담학적으로도 탁월합니다."

예심전도는 경청, 공감, 질문, 배려하는 훈련을 한다. 특히 타종교나 이단들에게는 질문전도법이 있다. 상담학적으로 중요한 요소들을 통해 상대방의 마음을 연다. 마음이 열렸을 때 예수님의 마음으로 복음을 전한다.

8) 쉽고, 단순하고, 재미있다.

예심 전도는 누구나 훈련 받으면 할 수 있다. 예심전도사관학교 용인, 성남지부에 있는 용인 지구촌교회의 사례다. 81세가 된 장로와 81세 된 성도가 예심전도사관학교 등록하여 훈련 받는다. 장로는 불면증이 있었는데 훈련을 받고, 40일 작정전도하면서 꿀잠을 자게 되었다. 81세 성도도 허리가 아파서 지팡이를 짚고 다녔다. 그런데 40일 현장 작정전도하면서 지팡이를 내려놓았다. 전도하며 치료의 기적을 체험하게 된 것이다. 예심전도는 쉽고, 단순해서 훈련 받아 순종하면 누구나 할 수 있는 전도법이다. 예심전도사관학교 안산지부 일일세미나를 인도하러 갔다. 훈련생 중 신생감리교회 김진용 전도사의 간증을 들었다. "전도는 하면 할수록 재미있습니다."

매일 전도현장을 나가서 복음을 전하며 행복한 사역을 하고 있다. 예심전도는 단무지반이 되어야 한다고 강조한다. "단순, 무한, 지속, 반복"이다. 이런 훈련을 통해 교회의 핵인 전도전문가를 세우고 있는 탁월한 전도법이다.

9) 예심 전도는 전국지부와 개 교회 사역을 본부가 계속적으로 지원한다.

예심 전도는 전국지부와 개 교회 사역을 본부가 계속적으로 30여개 지부가 있다. 지역별 지부에서 모여 전도 훈련을 실시한다. 그리고 예심 전도는 어떤 교회나 적용이 가능하다. 소형 교회, 중형 교회, 대형 교회, 상가 교회, 개척 교회, 도시 교회, 농촌 교회 모두 할 수 있는 전도 법이다. 본부가 전국지부와 개 교회 사역을 지속적이고 적극적으로 지원한다. 그러므로 하고자 하는 의지만 있으면 전도가 되어지게 만들어 주는 탁월한 전도법이다.

10) 예심 선도법은 각각의 도구에 대한 매뉴얼이 분명하고 체계적이다.

예심 전도에서 전도무기들은 충분한 임상실험을 거쳐 현장에서 만들어진 것이다. 불신자들에 대한 유형별 맞춤형 전도

무기가 준비 되어있다. 그리고 훈련도구들에 대한 실천 가능한 매뉴얼을 가지고 있다. 예심전도의 무기들은 개별적인 것이 아니다. 서로 유기적이다. 반복적이고, 상호 보완적이며, 통합적이다.

김포예심교회 전도현장

07
전도를 잘하려면

하나님께서 가장 기뻐하시는 전도는 누구나 잘하고 싶을 것이다. 그러나 잘 되지 않아 고민한다. 전도를 부담이 없이 기쁘게 하고 싶다. 이것은 믿는 자의 간절한 바램이다. 그런데 예심전도훈련에서는 전도를 잘 할 수 있는 길을 제시해 주고 있다. 본질적이며 성경적 방법이라고 생각한다. 필자가 훈련 받으며 체험한 내용을 정리하고자 한다. 전도를 잘 하려면 어떻게 해야 할까?

1. 코드가 맞아야 한다.

코드가 맞아야 불이 들어온다. 주파수를 맞춰야 방송을 들을 수 있다. 훈련히며 임싱 실험한 걸과 "삐딱이"는 안 된다는 것을 발견했다. 마음이 삐딱하면 안 된다. 바른 마음을 품어야 한다. 바른 마음은 예수님의 마음이다. 예수님의 마음은 곧 하나님의 마음으로 하나님의 의도(목적, 계획, 뜻)이다. 예수님의 마음처럼 영혼을 긍휼히 여기는 마음이 있어야 한다. 영혼을 사랑해야 한다. 전도의 동기가 순수해야 한다. 전도가 교회를 크게 하고, 전도왕이 되려고 해서는 안 된다. 내가 이렇게 했다는 사단의 함정에 빠지지 말아야 한다. 내가 구원받은 은혜에 감사, 감격하여 예수님의 마음으로 복음을 전하면 잘 되게 된다.

2. 최고 우선순위를 전도에 두어야 한다.

현대인은 바쁘다. 할 일이 많다. 그렇기 때문에 일의 우선순위를 잘 결정해야 한다. 중요한 일, 최고 가치 있는 일을 먼저 해야 한다. 빼 놓지 않고 해야 한다.

"그런즉 너희는 먼저 그의 나라와 그의 의를 구하라 그리하면 이 모든 것을 너희에게 더하시리라(마 6:33)."

다른 것과 타협하지 말아야 한다. 하루를 살면서 전도하는 일을 놓치지 말아야 한다. 그래서 (사)예심선교회에서는 "9.1 Day Festival" 운동을 전개하고 있다. 전도가 삶이 되고, 삶이

전도가 되는 기독교 문화 운동이다.

3. 전도 무기훈련을 잘 받아야 한다.

전도는 영적전쟁이다. 현대전에서는 무기가 우월해야 한다. 그래야 전쟁에서 승리할 수 있다. 북한이 왜 핵무기를 개발하려고 할까? 왜 어려운 경제상황 속에서도 핵을 포기하지 않을까? ICBM(대륙간 탄도미사일) 개발에 혈안이 될까? ICBM은 유효 사거리는 5,500Km를 초과하는 것이다. 북한에서 쏘아 올려 미국 본토를 타격할 수 있는 것이다. 그렇기 때문에 미국에서 가장 싫어하는 강력한 무기이다. 예심전도무기는 ICBM보다 더욱 강력한 무기를 장착하고 있다. 사단의 진영을 파멸 시킬 수 있는 무기다. 유형별 전도무기가 준비되어 있다. 불신자의 언어로 눈높이에 맞춘 전도메시지이다. 이 전도메시지로 잘 훈련 받으면 전도를 잘 할 수 있다. 예심전도무기는 뒤에서 소개하도록 하겠다.

4. 현장 전도훈련을 확실히 받아야 한다.

전도는 이론만 가지고는 안 된다. 책상 앞에서만 있으면 전도자가 될 수 없다. 그래서 "방콕이"는 전도가 안 된다. 예심전도사관학교는 매주 모여서 전도메시시 훈련과 함께 현장전도훈련을 진행한다. 조별로 지역을 정해준다. 말, 기, 찬, 메 (말씀,기도,찬양,메시지)후에 현장 전도에 나간다. 돌아온 후에는 조별로 돌아가면서 귀환 보고를 한다.

5. 교회에 전도팀이 세워져야 한다.

전도를 잘하려면 내가 훈련을 받아야 한다. 전도자는 훈련으로 되어진다. 훈련 받으면 누구나 잘 할 수 있다. 처음부터 잘 하는 사람은 없다. 하다 보니 잘 하게 되는 법이다. 예심전도사관학교 훈련을 통해서 전도를 잘 할 수 있는 핵이 세워진다. 핵이 개교회에 가서 복음학교와 전도대학을 통해 전도를 잘 할 수 있는 시스템을 세우게 된다. 그러면서 자연스럽게 교회 안에 전도팀이 세워진다. 함께 할 때 전도를 더 잘 할 수 있다. 서로에게 동력을 줄 수 있다. 교회 안에 전도팀이 세워져 현장전도를 나갈 때 전도에 불이 붙는다. 열매가 맺히게 된다.

6. 임계점의 원리를 붙잡아야 한다.

물은 100도가 되어야 끓는다. 한계에 도전해야 한다. 예심전도는 "될 때까지 하라"고 훈련시킨다. 그래서 예심전도사관학교는 "입학은 있어도 졸업은 없다.", "될 때까지 해야 한다.", "동력을 공급하는 구심점이다." 필자도 박사 논문을 쓰느라 2년여 동안 예심전도사관학교를 가지 못했다. 예심전도사관학교 훈련이 그래서 중요함을 깨달았다. 모이는 것이 중요하다. 지속적인 훈련이 있어야 한다. 전도는 결코 중단하거나 포기해서는 안 된다. 임종의 순간까지 복음전도를 붙잡아야 한다.

7. 성령 충만을 받아야 한다.

예수님께서 십자가를 지실 때 제자들은 참으로 무기력했다. 예수님을 버렸다. 도망치고, 배신까지 했다. 예수님을 절대 부인하지 않겠다고 했던 베드로도 여종 앞에서 세 번씩 부인, 맹세, 저주 하는 일이 벌어졌다.

그런데 베드로는 예수님의 말씀이 생각나서 밖에 나가 심히 통곡했다. 회개한 것이다. 회개한 베드로에게 성령 충만이 임했다. 베드로와 제자들은 성령 충만 받은 후 담대한 전도자들로 변했다. 전도는 성령께서 하시는 역사다. 제자들은 3년 동안 훈련을 받았다. 그리고 성령 충만 받은 후 전도자들이 되었다. 우리도 성령 충만을 받으면 전도를 잘 할 수 있다.

예심전도는 분명한 5대축을 통해 훈련하고 있다. 이것은 예심전도가 될 수밖에 없도록 떠받치고 있는 다섯 개의 기둥과도 같다.

6부

예수님의 마음 전도법 5대축

1. 원리 편
2. 무기 편
3. 훈련 편
4. 현장 편
5. 시스템 편

01

원리편

　원리란 사물이나 현상의 근본이 되는 이치이다. 기초가 되는 근거 또는 보편적 진리이다. 행동과 평가를 결정하는 개념이다. 가치로서의 법칙 가운데에서도 가장 근본적인 것을 뜻한다. 흔히 법칙, 원칙과 거의 비슷한 뜻으로 쓰이고 있다. 원래는 모든 것의 근원이라는 의미를 가지고 있다고 위키백과에서 설명하고 있다.

　예심전도는 어떤 원리를 적용하여 훈련하고 있는지 살펴보겠다.

1) 핵 원리

　예심전도 무기 중 만화전도지 10단계가 있다. 그 중에서 10번째에 히로시마 원자폭탄 사건을 다루고 있다. 미국은 원자폭탄을 투하하기 전에 일본에 사전 경고문을 배포했다.

경고문 : "1945년 8월 6일이 되면 원자폭탄이 투하 될 테니 50Km 밖으로 피난을 가시오."

이 경고문을 본 극소수의 사람들은 피난을 갔다. 그러나 경고문을 보고도 미국 사람들이 거짓말을 한다고 믿지 않은 사람들은 3초 만에 대략 30만명이 죽고 말았다. 이 경고문을 보고 피난 간 사람들은 살아남았다.

핵폭발의 위력은 가공할만하다. 핵폭발이란 핵반응이 빠르게 일어나 급작스럽게 에너지가 터져버리는 것을 뜻한다. 핵폭발의 종류에는 핵분열과 핵융합으로 나눌 수 있다. 원자폭탄은 제 2차 세계 대전 때 미국이 일본에 사용한 것이 실전에서는 유일하다. 원자폭탄이 투하되면 자연 상태에서 경험할 수 없는 일이 일어난다. 초속 70m의 열 폭풍과 충격파, 고열, 방사능으로 투하지점 근처의 모든 생물을 죽게 만든다.

원자폭탄은 폭약으로 우라늄이나 플루토늄을 사용한다. 폭약으로 사용하는 우라늄은 10-15Kg을 한데 뭉쳐 놓으면 각각 핵이 스스로 쪼개지면서 터지는 성질이 있다. 하나의 핵이 쪼개질 때에 그 핵에서 중성자가 튀어 나온다. 그 중성자는 그

열의 핵을 때려서 역시 중성자가 빠져 나오게 한다. 이런 일이 순식간에 연대적으로 일어나면 엄청난 폭발력을 낸다. 또한 핵이 쪼개지거나 합해질 때 엄청난 양의 에너지를 뿜어내는 성질이 있다.

예심전도에서는 교회 안에 먼저 전도의 핵을 세우라고 한다. 핵은 예심전도사관학교 훈련을 통해 세워진다. 교회 안에 핵이 세워질 때 엄청난 폭발력이 생겨나게 된다. 물은 섭씨 0도 이하로 떨어질 때 얼음이 된다. 그러나 얼음을 얼리는 핵이 생성 되어야 얼게 된다. 얼음이 얼리는 핵이 없으면 얼음이 얼지 않는다. 예심전도는 가장 먼저 핵을 세워서 핵분열을 일으키게 하는 원리로 훈련하고 있다.

2) 파레토 법칙

'80대 20법칙', '2080법칙' 등으로 불려진다. 19세기 이탈리아의 경제학자 빌프레도 파레토(Vilfredo Pareto)가 만든 경제학 법칙이다. '전체 결과의 80%가 전체 원인의 20%에서 일어나는 현상'을 가리킨다. 업무에 있어서 전체의 흐름을 주도하는 것은 상위 20% 정도에 집중되어 있다. 그 20%의 일만 해결해도 전체 업무의 80%가 마무리 된다는 법칙이다. 그렇기 때문에 20%에게 집중하여 먼저 훈련시켜 전도자로 세운다. 그 20%가 80%에게 영향을 주므로 전체로 확산이 된다. 예심전도에서는 이 법칙을 적용하여 훈련하고 있다.

3) 임계점의 원리

한국의 양궁은 세계적이다. 훈련의 핵심은 "한계에 도전하기"이다. 기상천외한 방법으로 끊임없이 훈련한다. 사역을 하다 보면 늘 고비가 온다. 전도 사역은 영적 전쟁이기에 슬럼프가 오기도 한다. 이때가 가장 힘들다. 하지만 이때를 넘기면 성장한다. 고수는 이 고비와 슬럼프를 넘기고 환희를 맛본다. 훈련은 전도의 고수를 만들어낸다.

인간의 삶과 화학반응은 모두 임계점이 존재한다. 임계점을 넘어서야 원하는 결과물을 얻을 수 있다. 화학반응이 일어나야 내가 원하는 제3의 물질이 만들어진다. 화학반응을 일으키기 위해서는 개시제(initiator)와 촉매제(catalyst)가 필요하다. 온도를 높이고 압력을 높여야 한다. 모든 실험이 처음에는 반응이 없다. 그러다 일정 시점(임계점)이 되면 부글부글 끓으면서 화학반응이 시작된다. 그리고 원하는 물질이 만들어진다.

한계에 도전하라. 물은 99도까지는 끓지 않는다. 고지가 바로 눈앞에 있을 수 있다. 로버트 슐러의 말에 귀를 기울일 필요가 있다. "절벽 가까이로 나를 부르서서 다가갔습니다. 절벽 끝에 더 가까이 오라고 하셔서 더 다가갔습니다. 그랬더니 절벽에 겨우 발붙이고 서 있는 나를 절벽 아래로 밀어 버리는 것이었습니다. 물론 나는 절벽 아래로 떨어졌습니다. 그런데 나는 그때까지 내가 날 수 있다는 사실을 몰랐습니다." 예심전도훈련은 '임계점의 원리'를 적용하여 "될 때까지 하라"고 훈련한다.

4) 문화 원리

문화란 일반적으로 한 사회의 주요한 행동양식이나 상징체계를 말한다. 인간에게 주어진 자연환경을 변화시키고, 본능을 적절히 조절하여 만들어 낸 생활양식과 그에 따른 산물들을 모두 문화라고 일컫는다. 하나님은 인간을 창조하신 후에 '문화명령'을 주셨다.

> "하나님이 그들에게 복을 주시며 하나님이 그들에게 이르시되 생육하고 번성하여 땅에 충만하라, 땅을 정복하라, 바다의 물고기와 하늘의 새와 땅에 움직이는 모든 생물을 다스리라 하시니라(창세기 1장 28절)"

이 땅을 잘 돌보고, 관리하라는 문화적 명령이다. 인간은 문화를 떠나서는 존재할 수 없다. 인간에게 문화는 자연을 토대로 한 제2의 환경이다. 우리는 지금 '컬처비즈' 시대를 살고 있다. '컬처비즈'란 "오늘날 경제활동에서 문화를 이해하지 않고는 부를 얻을 수 없다"는 뜻이다.

이와 같이 문화는 정치, 경제, 사회의 중심 키워드가 되었다. 세상 문화는 빼빼로 데이, 삼겹살 데이, 발렌타인 데이 등을 만들었다. 이처럼 문화형성을 통해 물건을 많이 팔고, 행동양식을 만들어 가고 있다. 기독교는 유행이 아니라, 진리로 문화에 영향을 주어야 한다.

이런 측면에서 (사)예심선교회에서는 9.1 Day (구원 데이) 전도문화를 세워가고 있다. 이것은 기독교 문화운동이다. 365일 중 9월 1일을 기점으로 구원 데이를 선포한다. 그리고 상반기와 하반기로 나누어 복음전도 전략을 구체화하여 실천하는 운동이다. 9.1 Day는 매년 9월 1일을 중심으로 날마다 기독교의 맛 즉 천국의 삶을 살게 하는 "기독교 문화운동" 이다. 궁극적으로 삶이 전도가 되고, 전도가 삶이 되도록 하는 성경적인 운동이다.

02

무기편

   전도는 영적전투의 최전선이다. 그 싸움은 처절하고 치열하다. 눈에 보이지 않는 악한 마귀와의 싸움이다. 그러므로 영적세계를 잘 알아야 한다. 그렇기 때문에 훈련을 받아야 한다. 좋은 무기를 가지지 않으면 전쟁에서 승리할 수 없다. 싸움터에 나가려면 적을 이길 강력한 무기가 있어야 한다. 전도 훈련에 온 목회자와 성도들의 말이다.

   "전도현장에 나가서 할 말이 없다, 고작 예수 믿으세요, 우리교회 나와 보세요, 우리교회 좋아요, 우리 목사님 좋아요 라고 말할 뿐이다."

   그러나 예심전도에서는 강력한 전도무기가 준비되어 있다. 원색적인 복음이며 불신자의 눈높이에 맞춘 전도메시지다.

유형별 맞춤형 메시지로 현장에서 만들어진 전도무기다. 임상실험이 충분히 된 것이다. 쉽고 단순하고 재미있다. 그림언어로 되어 있어 이해가 쉽도록 되어 있다. 예심전도의 무기를 간략하게 소개하고자 한다.

1) 명함전도지

3분 만에 복음을 정확하게 전 할 수 있는 명함전도지 무기다. 무관계에서 관계를 맺을 수 있는 접촉점을 제공하는데 탁월하다. 상대방의 신분을 알기 위해 동의를 얻는 가장 좋은 전도무기이다. 명함을 전하면서 자신의 신분을 먼저 밝힌다. 그리고 상대방의 신분을 요구하면 쉽게 얻을 수 있다. 주일오후나 수요예배 때에 반복해서 훈련한다. 수시로 두 사람씩 짝을 지어서 반복적으로 해본다. 전교인 누구든지 명함 전도지를 항상 소지하고 다니도록 한다. 왜 예수님을 믿어야 하는 세 가지 이유를 쉽고 간단하게 전 할 수 있다.

2) 만화전도지

전도 대상자에게 집중적으로 복음을 쉽게 전 할 수 있는 시리즈 전도무기이다. 복음의 핵심이 10주제로 일목요연하게 정리되어 있다. 정기적인 방문을 통해서 복음을 전 할 수 있다. 양육지와 훈련용으로도 사용해도 좋다. 노방전도, 횡단보도전도, 상가전도, 병원전도 등 어느 상황에서는 번호별로 사용한다. 반복해서 읽고, 훈련하며 수시로 짝을 지어 시연한다. 만화전도지는 10개 주제 시리즈 전도지다. 그 제목은 다음과 같다.

(1) 하나님은 정말로 계실까?

(2) 사람이 죽으면 왜 돌아가셨다고 할까?

(3) 인생의 근본적인 문제 해답은 무엇인가?

(4) 삶과 죽음의 비밀

(5) 사람의 마음속에는 무엇이 들어 있나?

(6) 사탄(마귀), 귀신은 어떠한 존재인가?

(7) 지옥이 정말 있는가?

(8) 왜 꼭 예수님을 믿어야 하는가?

(9) 천국은 정말로 있는가?

(10) 예수 천국, 불신 지옥

3) 10초 메시지 1,2권

불신자의 영혼을 터치하는 전도의 강력한 신무기이다. 유형별로 마음에 감동을 주는 전도 메시지이다. 쉽고 단순하고 재미있다. 불신자의 눈높이에 맞춘 전도무기이다. 영어 단어장과도 같은 전도무기이다. 단어가 연결되면 숙어가 되고 문장이 된다. 10초 메시지를 개인적으로 한 권씩 구입하게 한다. 설교시간에 예화로 사용한다. 전 성도들과 반복해서 읽는다. 샘플을 제시하고자 한다.

4) 천국 네비게이션

불신자나 기존교인에게 구원의 확신을 심어 주는 전도 무기이다. 천국 네비게이션은 마중물 같은 책이며 보석 같은 책이다. 누구든지 이 교재를 가지고 복음을 제시할 수 있도록 훈련한다. 교회에서 공과로도 사용할 수 있다. 교회 등록 성도에게 설명한 후에 사인하고 선물해준다. 새 가족 양육교재, 전도 훈련용, 복음 학교 교재, 개인전도 시에 복음 제시용으로 사용하면 너무 좋다. 복음을 전해서 불신자를 천국으로 인도하는 탁월한 전도무기이다.

5) 인생 네비게이션

진리를 한 눈에 볼 수 있게 하는 양육 교재이다. 복음을 듣고 예수님을 영접한 사람에게 진리를 쉽게 풀어줄 수 있는 그림 성경 양육 교재이다. 성경의 진리를 한 눈에 볼 수 있는 한 폭의 그림 성경이다. 전교인 공과로 사용해도 좋다. 수요일이나 주일 오후에 시리즈 설교용으로 사용한다. 복음 학교 교재로 사용한다. 일대일로 양육할 경우 그림과 함께 시선을 집중시키며 양육한다. 대화식으로 상대방에 눈높이에 맞추어 양육한다. 가르치려는 마음으로 하지 말고 사랑하는 예수님의 마음으로 한다.

6) 기독교 A. B. C

복음을 가장 쉽게 풀어주는 기독교 복음 교과서이다. 불신자에게 전하는 복음 편지이고, 기존 신자가 읽어야 할 복음 교과서이다. 전도용 선물로 준비해서 등록한 교인과 함께 읽고 선물한다. 전교인 공과로 사용해도 좋고, 복음학교 교재로 사용한다. 주일 오후 때 시리즈 설교용으로 사용해도 좋다. 매 과마다 그림을 가지고 해당 주제들을 표현하고 있으므로 그림을 설명하면서 사용하면 큰 도움이 된다.

7) 행복 네비게이션

5분 안에 진리를 아주 쉽고 간단하게 풀어 주면서 복음을 제시할 수 있는 전도 무기이다. 교회용으로 제작하여 모든 성도들이 항상 소지하고 다니면서 전도용으로 사용하면 좋다. 복음을 듣고, 예수님을 영접한 사람에게 진리를 쉽게 풀어 줄 수 있는 그림 성경 양육 교재이다. 전교인 공과로 사용할 수 있다. 수요일이나 주일 오후예배 때 설교용으로 사용한다.

8) 인생 매뉴얼

전도 메시지 훈련 보충 교재이다. 아주 실제적이고, 구체적인 전도 무기로 된 전도 메시지이다. 하나님 만나는 길을 10가지 주제로 구체적이며 쉽게 설명한 전도 메시지이다. 전교인 전도 훈련 교재로 사용한다. 전도팀 모임 시 전도 훈련 교재로 사용한다.

03
훈련편

제자는 훈련으로 되어 진다. 제자와 훈련은 어원이 같다.

Disciple(제자) = Discipline(훈련)

무기가 아무리 좋아도 사용법을 잘 알아야 한다. 예심전도는 훈련시스템이 탁월하다. 전도무기를 잘 사용하도록 훈련한다. 세부적인 운영매뉴얼을 통해 철저히 훈련시킨다. 훈련이 정기적이다. 또한 지속적인 훈련을 통해서 전도를 체질화 시킨다. 삶이 전도가 되고, 전도가 삶이 되는 목표로 훈련에 훈련을 거듭한다.

예심전도훈련의 가장 중심기관은 "예심전도사관학교"이다. 전국에 약 30여개 예심전도사관학교 지부가 있다. 매주 한 번씩 모인다. 찬양과 기도, 김기남 대표목사의 특강, 조별 나눔, 조별 발표, 발표에 대한 코칭, 메시지 훈련, 현장전도, 현장전도 보고, 예비신자를 위한 기도, 축도 순으로 훈련을 진행한다. 예심전도사관학교는 "입학은 있어도 졸업은 없다." 임계점의 원리로 될 때까지 하도록 훈련한다. 죽을 때까지 평생 전도는 놓지 않아야 한다. 전도훈련을 받아 전도자가 되면 은퇴가 없다. 예심전도사관학교는 전도전문가 훈련과정이다. 핵 원리, 파레토 법칙, 임계점 원리, 문화 원리를 접목하여 체계적이고, 강한훈련을 시키고 있다.

특히 전도를 체질화하기 위해 작정전도를 필수 훈련과정으로 하고 있다. 예심전도훈련은 유대인의 천재교육원리를 훈련에 접목하고 있다. 그것은 하브르타 교육과 학가다 교육원리이다. 하브르타 교육은 "말하기 교육"이다. 즉 토론교육이며 스스로 발표하는 교육방법론이다. 하브르타는 메소포타미아 지역의 고대 언어인 아람어이다. "우정" 혹은 "동반자"라는 뜻을 가지고 있다. 오래전부터 유대인들 사이에 사용된 학습법이고, 19세기 이후에는 대중적으로 크게 쓰임 받고 있다.

"네 자녀에게 부지런히 가르치며 집에 앉아 있을 때에든지 길을 행할 때에든지 누웠을 때에든지 일어날 때에든지 이 말씀을 강론할 것이며(신 6:7)."

여기서의 핵심은 "강론"이다. 하나님의 가르침을 널리 퍼뜨리고 설명하라는 뜻이다. 하브르타는 일반적으로 두 명 이상으로 이뤄진다. 정통 유대교에서는 '일대일'을 권장 한다. 랍비 '하니나'는 "토라를 공부하기 위해 혼자 앉아 있는 것은 어리석을 뿐"이라고 말한다. 혼자 공부하는 것은 지양하라고 가르친다. 이스라엘 가정에서 토론은 흔한 일이다. 그리고 질문하며 대답하는 과정을 통해 더 많은 것들을 배우게 된다. 하브르타의 중요한 단어는 "설명하기"이다. 설명하면 자신의 생각을 정리에 매우 도움이 된다. 입으로 설명하며 되뇌이면 훨씬 오랫동안 기억에 남게 된다. "듣기" 또한 중요하다. 상대방의 말을 잘 들어야 다시 반박을 하고 좋은 논쟁을 할 수 있다. 설명하기 즉 말하기 교육의 효과는 이미 과학적으로 입증되었다. 하버드 대학 연구에 따르면 하브르타 교육 효과는 일반 주입식 교육보다 무려 14배나 뛰어나다는 연구 결과가 나왔다.

한국에도 "거꾸로 교실"과 "플립러닝 교육"이 확대 되고 있다. 거꾸로 학습의 특징은 주입식 교육이 아니다. 학생이 주도하는 학생이 주인공이 되는 스타일의 공부 방법이다. 학생 주도형 교육이라고 볼 수 있다. 플립러닝(Flipped Learning)도 학생 주도형 학습 방법이다.

필자도 몇 년전에 대학교에서 플립러닝 교수세미나를 듣고, 강의를 시행하고 있다. 교수가 만들어 준 영상이나 학생

스스로가 제작한 영상을 통해서 개념을 익히게 한다. 그 후에 서로 토론하며 이야기 하므로 교육효과를 높일 수 있다.

예심전도훈련은 이러한 교육방법론을 훈련에 접목하고 있다. 영상특강을 듣는다. 조별 나눔을 통해 깨닫고, 은혜 받은 것을 나누게 한다. 그리고 전체 앞에 나가서 조별로 발표하게 한다. 전도현장에 다녀와서도 귀환보고를 전체 앞에서 한다. 유대인의 천재교육 방법론인 "학가다" 교육을 훈련에 적용하고 있다. 학가다는 히브리어로 "읊조리다"라는 뜻이다. 소리 내어 읊조리는 과정을 통해 기억력을 증대시키는 작업이다. 소리는 정과 망치와 같아서 마음에 말씀을 새기는 역할을 한다. 또 전두엽 개발에 도움이 된다. 예심전도훈련은 일기 숙제를 자기 귀에 들리도록 녹음해서 올리게 한다. 학가다는 반복교육이기도 하다. 예심전도는 "단무지반"이 되라고 강조한다.

"단순, 무한, 지속, 반복"

예심전도는 탁월한 훈련의 원리를 가지고 훈련시키니 전도가 되어지며 행복한 전도자들이 세워지고 있다. 훈련을 받고 나니 전도가 쉽다. 전도가 무섭지 않고, 강력해진다. 전도를 지속할 수 있다는 간증들이 전국적으로 세워지고 있다.

04
현장편

　전도는 이론과 지식만으로 결코 되지 않는다. 책상 앞에서 되는 것이 아니다. 방콕이는 전도를 할 수 없다. 만나지 않으면 안 된다. 예심전도에서 어록이 있다. "나가면 있고, 안 나가면 국물도 없다." 해답은 현장에 있다. 누가 전도자인가? 현재 전도를 하고 있는 사람이다.

　예심전도훈련은 현장전도훈련을 위해 "40일 작정전도" 매뉴얼을 만들었다. 예심전도사관학교 한 기수를 수료하기 전에 1회 이상 "40일 작정전도"를 필수적으로 하게 한다. 40일 작정전도를 하지 않으면 수료를 할 수 없다. 이렇게 하는 것은 현장훈련의 중요성을 알기 때문이다. 예심전도사관학교 구미지부 일일세미나를 인도하러 간 적이 있다. 지부장인 변재헌목사가 시무하는 교회를 방문했다. 벽에 이런 현수막이 있었다.

전도 구호
- 나가면 있고, 안 나가면 없다.
- 말하면 있고, 말 안하면 없다.
- 찾으면 있고, 안 찾으면 없다.

전도는 선택이 아닌 필수이다.

처음에 '40일 작정전도' 할 때는 어떻게 할까 겁이 났다. 지금까지 작정기도는 들어 봤지만 작정전도는 처음 들어본 말이었다. 그러나 지금은 훈련을 통해서 문화가 되었다. 이제는 사관생도들이 100일 작정전도, 365일 작정전도, 1000일 작정전도, 평생 매일작정전도를 결단하고 현장전도를 나가고 있다. 훈련을 받으면 누구나 할 수 있다. 처음부터 잘하는 사람은 없다. 하다 보니, 반복 하니, 시키는 대로 하니 어느덧 체질화가 되고, 현장전도의 부담이 사라진 것이다. 현장전도 나가는 것을 마귀는 가장 싫어하고, 방해한다. 그러나 이기고 현장전도에 나가면 기쁨을 누리며 새 힘을 얻는다.

"말, 기, 찬, 메, 하고, 하나님께 맡기고, 그냥 나가라."

말, 기, 찬, 메는 전도를 나가기 전에 한다. 말씀, 기도, 찬송, 메시지훈련을 통해 영적으로 무장하고, 성령의 충만을 받아, 전도현장을 나가는 과정이다. 현장전도에 우선순위를 두고, 하루 계획을 짠다. 예심전도사관학교에 처음 등록하여 1000일 작정전도를 시작한 사관생도도 있다. 작정전도는 전도가 되도록 하기 위한 훈련의 과정이다. 체질화시키기 위해서다. 작정이 능력이다. 작정이 계속할 수 있는 비결이다. 작정전도를 하면 기적이 일어나며 응답과 축복이 쏟아진다.

"너희는 먼저 그의 나라와 그의 의를 구하라 그리하면 이 모든 것을 너희에게 더 하시리라(마 6: 33)."

예심전도훈련은 현장의 벽을 무너뜨렸다. 담대히 현장으로 나가는 전도자들이 세워지고 있다. 코로나 때에도 현장전도는 멈추지 않았다. 피켓전도, 외침 전도, 상가전도, 스마트폰전도, 거점전도 등을 계속했다.

"소풍 같은 전도! 전도는 보물찾기"

현장전도 나가야 보물을 찾을 수 있다. 예심전도훈련 받으면 전도현장 나가는 것이 소풍가는 것과 같다고 간증하고 있다.

05
시스템 편

예수님의 마음 전도법의 5대축은 원리, 무기, 훈련, 현장, 시스템으로 구성되어 있다. 여기에 사역 시스템과 교회적용 시스템으로 나누어져있다.

1) 사역시스템

(1) 일일세미나

예수님의 마음 전도법의 전체 그림을 볼 수 있는 일일 공개 세미나다. 예심전도사관학교 한 기수를 마치고, 새로운 기수가 시작되기 전에 지부별로 정기적으로 진행한다. 이때는 사관생도들 전체와 새로 초청된 목회자, 사모, 성도들이 참여하게 된다.

(2) 예심전도 사관학교

예수님의 마음전도법의 지도자 훈련과정이다. 16주 3학기로 커리큘럼이 편성되어 훈련하고 있다. 1학기는 "원리중심", 2학기는 "메시지 중심", 3학기는 "현장 중심"으로 진행 된다. 전국 지부별로 결정된 요일과 시간에 모인다. 주 1회 모여서 집중 훈련을 실시하고 있다. 예심전도사관학교는 구심점의 역할을 하고 있는 중요한 훈련기관이다. 이 훈련을 통해 동력을 받고, 성령 충만하여 현장사역에 승리하게 된다. "입학은 있어도 졸업은 없다."

(3) 집중훈련

예수님의 마음전도법의 원리중심, 메시지중심, 현장중심으로 분류해서 예심전도훈련 받은 자들이 모여 집중적인 훈련을 종합적으로 받는다, 그리고 간증 및 축제의 시간이다.

(4) 예심전도부흥회

전교인들의 가슴에 전도의 동력을 일으키는 개 교회 예심전도부흥회를 개최한다. 그러므로 전도의 강력한 바람을 일으킨다. 예심전도훈련을 받은 전국지부 지부장을 통해 교회 공동체에게 전도의 불을 일으키는 3박 4일 전도축제이다. 부족한 필자에게 예심전도 부흥회 부흥강사단장의 막중한 사명을 주셨다. 참으로 감사하고, 하나님께 영광 돌린다.

(5) 하야통삶 사관학교

하야통삶의 실제와 하야통삶 설교를 위한 훈련을 실시한다. 하나님의 말씀을 마음에 새기므로 천국을 실감하고 누리며 분양하는 행복한 사역을 할 수 있다. 하야통삶 구조세우기는 (사)예심선교회 연구소장인 김성은 목사가 장별 강해는 말씀 강사인 권용우 목사가 강의하고, 하야통삶 실제 접목사례 설교와 실제 강의는 김기남 대표 목사가 인도하고 있다.

(6) 9.1 Day(구원데이) 전국 연합전도수련회

2월 중에 2박 3일로 전국 집중컨퍼런스가 진행된다. 그리고 예심전도 전국연합수련회로 8월 중에 2박 3일로 진행한다. 이 때 전국의 전도자들이 모여 성령 충만을 받고, 전도의 동력을 받아 9.1 Day(구원데이) 전도 축제를 시작하게 된다.

2) 교회적용시스템

(1) 개인전도

예심전도사관학교 훈련을 통하여 핵을 세운다. 그리고 훈련된 전도자들이 개교회에서 복음학교와 전도대학을 모집하여 진행한다. 복음학교는 6주간 진행하는데 영상특강, 복음학교 교재읽기, 나눔과 기도회로 진행한다.

개교회 전도대학은 2학기 6주간 과정으로 진행한다. 훈련 메뉴얼이 준비되어 있으므로 그대로 진행하면 된다. 이때에 현장전도훈련에 나간다.

(2) 소그룹전도

교회마다 전문 전도인을 세우고, 교회 전도팀이 구성되어야 한다. 요일전도팀, 거점전도팀, 매일전도팀, 편지전도팀, 스마트폰전도팀을 조직하여 계속적인 전도가 진행되도록 한다.

교회밖의 전도 대상자들을 위한 '해피처치'(Happy Church), 교회 안의 교회인 '인처치'(In Church) 그리고 학교에 세워지는 '스쿨처치'(School Church)등을 통해서 소그룹 전도를 진행한다.

(3) 대 그룹 전도

전 교회적으로 진행하는 전도축제를 말한다. 1년에 상반기와 하반기를 나누어서 진행한다. 9.1 Day(구원데이) 영혼구원축제는 상반기 2박3일 전국전도컨퍼런스와 하반기 여름전국수련회를 시작으로 한다. 그리고 준비기간, 선포주일, 작정전도, 1,2차 초청주일로 진행된다. (사)예심선교회 본부에서 운영메뉴얼과 시행자료, 포스터 배너등을 전문가가 제작하여 지원해 주고 있다.

7부

코로나 팬데믹(Pandemic) 시기

1. 코로나 팬데믹(Pandemic)을 맞다
2. 한국교회의 위기와 대안
3. 예심선교회 본부 사역으로
4. 포기하지 말고 도전하라
5. 블루오션전략(Blue Ocean Strategy)
6. 위기는 기회다

01

코로나 팬데믹(Pandemic)을 맞이하다

지난 3년을 집어 삼킨 단어는 "코로나19 팬데믹(Pandemic)"이다. 아무도 예측하지 못한 새로운 감염병의 등장으로 일상의 많은 변화가 일어났다. 나라마다 위기에 직면하며 대혼란에 빠지게 했다. 많은 것이 멈춰졌고, 택배 문화, 비대면 문화, 배달 문화 등 새로운 문화가 형성되었다. 코로나19는 2019년 2월 중국 후베이성 우한시에서 처음으로 확인되었다.

국내 코로나19 환자는 2020년 1월 20일 처음 발생했다. 그리고 2월에 신천지 대구교회에서 확진자가 급증하므로 가파른 증가세를 보였다. 그 결과 교회가 코로나의 온상지가 되는 오해를 받기도 했다. 세계보건기구(WHO)는 2020년 1월에 "국가적 공중 보건 비상사태"를 선언하였다. 2020년 3월에는

"세계적 대유행"으로 격상시켜 공식적 선언을 하게 되었다. 무방비 상태에서 맞닥뜨린 신종 감염병은 각국의 국경문을 걸어 잠그게 했다. 그리고 자국민들의 이동을 제한하기 시작했다. 바이러스의 유입을 막기 위해 "봉쇄카드"를 꺼내들 수밖에 없었다. 정부는 전염병의 확산을 막기 위해 "사회적 거리두기"를 3단계에서 5단계로 세분화하여 관리했다. 그러나 높은 전염력과 전파력으로 어려움을 겪고 있다.

코로나19의 장기화로 국민의 피로도가 높아지고, 자영업자들의 고통이 가중되었다. 한 번도 가보지 않은 길을 걷고 있다. 코로나19라는 전 세계적 팬데믹은 교회에도 많은 어려움을 주고 있다. 교회의 대외적 종교성 약화와 코로나의 온상지와 같은 부정적 인식을 갖게 했다. 방역강화와 사회적 거리두기로 인하여 "공동체성의 약화"와 "개인의 소외문제"에 직면하게 되었다.

대면예배를 중단하고, 비대면 온라인으로 예배를 드리는 교회들을 향해 믿음이 부족하다고 비난했다. 다른 한편으로는 대면예배를 강행하는 교회들에 대하여 사회적 인식이 부족하고 무책임하다고 비판하였다. 이렇게 한국교회는 이원론적 시각에 갇혀 보수와 진보로 갈라져 사회로부터 손가락질을 받는 지경에 이르게 되었다. 코로나19로 인한 현 상황은 쉽게 끝나지 않을 것이다. 끝난다 해도 인류는 "포스트 코로나"라는 새로운 시대의 도전에 직면하게 될 것이다. 코로나19 전염병이 지나면 또 다른 전염병이 도래할 것이다.

지구상에서 일어났던 팬데믹의 역사를 살펴보겠다. 14세기를 전후하여 유럽인구 전체의 3분에 1의 목숨을 앗아간 "흑사병"의 대재앙이 있었다. 1918년에서 1920년 사이에 발병한 '스페인독감' 팬데믹이 있다. 약 2000만 명에서 1억 명이 희생당한 것으로 보고되었다. 인류 역사상 가장 치명적인 유행병 중의 하나였다. 1968년에서 1969년 사이에 발병한 "홍콩독감"이 있다. 약 400만 명 정도의 사망자를 낸 재앙이었다. 2009년 초-2010년 8월에 인플루엔자 A형이 팬데믹을 일으켰다. 2019년 말 - 현재까지 COVID-19 팬데믹의 영향으로 전 세계가 고통을 받고 있다. 이러한 대유행의 전염병으로 인해 문화가 바뀐다. 그러나 이러한 큰 재앙 속에서 하나님께서 하시고자 하는 의도를 볼 수 있어야 한다.

02
한국교회의 위기와 대안

코로나19가 막바지에 다다르고 있는 시점에 서있다. 지난 2022년 3월 29일에 총신대 신대원에서 "한국교회의 위기와 대안"을 주제로 심포지엄을 개최했다. 이 심포지엄에서 박영돈 교수(고려신학대학원 명예교수)가 "일그러진 한국교회의 얼굴"이란 제목으로 강연했다. 박영돈 교수는 오늘의 한국교회의 부정적인 모습을 6가지로 간략하고도 분명하게 제시하였다.

첫째, 성장주의에 경도 된 교회관
둘째, 번영 신학으로 왜곡된 복음
셋째, 성화 없는 구원
넷째, 목사의 가치관과 자질의 문제

다섯째, 대 사회적 이미지 실추

여섯째, 하나님 나라가 실종된 교회 등을 지적하였다.

한국교회는 1960년대 경제개발의 견인차 역할을 했던 성장주의 가치관을 교회가 받아들였다. 어느새 대기업과 같은 자본주의 경영논리를 따라 성장주의를 지향했다고 박영돈 교수는 분석했다. 이제 코로나19시대를 지나면서 수와 크기에 초점을 맞추는 성장을 넘어 "그리스도를 닮는 성장, 성령의 열매를 맺는 성장"을 교회의 새로운 목표로 삼자고 대안을 제시했다. 그리고 번영 신학이 아닌 복음의 본질을 회복해야 한다고 주장했다.

교회는 모든 민족을 축복하는 제사장 나라의 사명을 받았다. 이 사명을 세상 속에서 수행하기 위해 칭의를 방종과 나태로 조장하는 교리가 아니라, 성화의 진리로 참 된 경건과 거룩함을 고무시켜야 한다. 목사의 가치관이 영적, 복음적 가치관으로 무장해야 한다. 실추된 대 사회적 이미지를 그리스도의 사랑을 실천하므로 회복해야 하는 과제를 안고 있다. 또한 교회는 하나님 나라를 세상에 보여주어야 한다. 코로나19를 어떻게 극복하고, 대비하느냐에 따라 한국교회의 미래가 달려있다.

필자로써 몇 가지 대안을 제시하고 한다.

첫째, 본질 회복운동이다.
교회가 교회답게, 성도가 성도답게 세워져가야 한다. 그러기 위해서는 성경으로 돌아가야 한다. 성경적 신앙, 초대교회 신앙으로 리셋(reset)해야 한다. 한국교회가 성장주의, 번영신학, 인본주의, 물질주의를 버리고, 복음으로 돌아가야 한다. 한국교회가 하나님의 말씀으로 돌아가서 성결성과 거룩성 회복운동이 일어나야 한다.

둘째, 예배회복 운동이다.
코로나19가 장기화 되면서 온라인예배에 익숙해져 있다. 대면예배와 비대면 예배 간에 갈등을 경험했다. IT 기술의 발달로 온라인에서 보충적, 보완적 예배라도 드릴 수 있어서 한편으로 다행한 일이었다. 그러나 현장감이 떨어지고, 예배의 신성함과 하나님의 임재와 영광을 체험하기 위해서는 모여서 함께 예배드려야 한다. 비대면(Un-contact)문명의 상황 변화 속에서 예배와 교육을 온라인(On-Line)과 오프라인(Off-Line)을 겸한 올라인(All-Line) 방식으로 바꿔야 할 것이다.

셋째, 교회 회복운동이다.
교회의 본질을 이해시키고, 교회론 교육을 강화해야 한다.

교회의 이미지를 회복시키는 일이 시급하다. 코로나19 이전에도 교회는 공격과 비난을 받았다. 그러나 코로나 19를 계기로 교회에 대한 대 사회적 이미지가 더운 실추되었다. Old Church에서 New Church로 교회의 옷을 뉴 패션으로 갈아입어야 한다. 제도적 교회에서 창조적 교회로, 개인주의 교회에서 네트워크 교회로, 인본주의적 교회에서 복음중심의 교회로 전환하여야 한다. 예수님을 머리로 모신 건강한 공동체로 세워 가야 한다.

넷째, 전도회복운동이다.

교회의 본질은 복음을 전하는데 있다. 복음을 전하므로 하나님의 소원인 영혼구원을 이루어 드려야 한다. 코로나19를 통해 대부분의 교회들이 전도를 멈췄다. 교회는 하나님 나라 확장운동인 복음전도를 활성화하고 지속해야 한다. 그러기 위해서 대면전도와 온라인 전도의 융합을 통한 효과적인 전도운동을 전개할 것을 대안으로 제시한다.

다섯째, 소그룹 회복운동이다.

코로나19는 대그룹 모임인 공 예배와 소그룹 모임도 약화시키고 해체시켰다. 2023년 1월 30일부로 제한적이지만 실내 마스크를 벗을 수 있게 되었다. 무너진 소그룹, 구역모임, 셀 모임, 속회등과 가정사역이 회복되어야 한다.

여섯째, 다음세대 살리기 운동이다.

코로나19는 다음세대 신앙에 대한 큰 타격을 주었다. 많은 교회들이 주일학교가 없어지고, 초, 중, 고, 청년들이 신앙생활에서 멀어졌다. 이런 위기상황 속에서 신앙의 유산을 다음세대로 계승하는 사역에 교회는 총력을 모아야 할 때이다.

일곱째, 대 사회 이미지 회복운동이다.

코로나19를 통해 시대와 사회문화가 교회를 파괴하는 환경으로 바뀌어 가고 있다. 그래서 교회는 공교회성 회복을 위해 공적사역 마인드를 갖도록 교육해야 한다.

03
예심선교회 본부 사역으로

 충청남북도 40일 순회전도 기간 중에 김기남 목사와 전화 통화를 몇 번 했다. 전화를 통해 현장전도 상황을 말했고, 격려와 위로를 받아 힘을 얻었다. 필자가 시무하던 교회를 사임한 상황을 김기남 목사는 알고 있었기에 예심선교회에서 함께 사역할 것을 제안 받았다. 아내와 함께 기도 중에 결단을 내렸고, 2019년 10월 15일에 예심선교회 본부사무실로 첫 출근을 하였다. 교회도 부천예심교회로 등록하여 새로운 신앙생활을 하게 되었다.

 처음 부임 할 때에 "예심전도 순회전도단 단장"으로 임명을 받았다. 그러면서 예심전도사관학교 전국지부 일일세미나 강사로 신바람 나는 사역을 하게 되었다. 코로나가 시작되기 직전이었다. 예심순회전도단과 함께 예심교회 대형버스로 이동하면서 순회전도와 예심전도부흥회를 진행했다. 예심전도부흥회 진행하는 교회에 오후 2시경에 모여서, 교인들과 함께 전도현장으로 나갔다. 팀을 이루어 전도한 후에 저녁에 부흥회로 모였다. 예심교회 초, 중, 고등학생과 함께 진행한 예심순회전도는 잊을 수가 없다. 대구 광진교회(담임: 지태동 목사), 청주 성지교회(담임: 유범환 목사)에서 1박을 하면서 교회 주변에서 팀 전도를 하고, 저녁에는 부흥회를 진행했다.

또한 용인우리교회(담임: 장재동 목사), 늘복된교회(담임: 이재중 목사), 수정교회(담임: 정태승 목사), 새로남교회(담임: 최상윤 목사) 등에서 부흥회를 은혜롭게 진행했다. 코로나 기간 중에 순회전도는 중단했지만, 청주 양무리교회(담임: 곽종원 목사), 천성중앙교회(담임: 이희수 목사), 부산영락교회(담임: 윤성진 목사)와 최근에는 필자가 시무하는 김포예심교회에서 창립1주년 기념 예심전도 부흥회를 진행했다.

최근에는 예심전도사관학교 지부별 연합부흥회를 통하여 은혜와 동력을 받고 있다. 목포지부연합부흥회(지부장: 김경식 목사), 광주지부연합부흥회(지부장: 김경식 목사), 수원지부연합부흥회(지부장: 신동흥 목사) 를 진행했다.

예심전도부흥회는 강사가 여러 명이다. 시간 시간마다 예심전도 간증을 통해 전도의 동기부여와 전도의 불을 일으키고 있다. 성령의 역사와 나타남이 있는 은혜로운 집회로 하나님이 인도하고 있다.

그리고 (사)예심선교회의 사무총장으로 임명 받아 사명을 감당하고 있다. 기독UN 플랫폼과 Korea 9.1 Day Festival을 통해 기독교문화운동을 전개하는 사역을 기쁨으로 하고 있다. 하나님께서 가장 소원하시고 기뻐하시는 사역지에서 전도사역을 하게 되어 참으로 행복하고 감사하다. 전도자에게는 "은퇴가 없다"고 일일세미나 때 강조한다. 죽는 순간까지 건강이 될 때까지 어디에 있든지 복음을 전하는 전도자로 남기를 소원한다. 다음은 예심전도 부흥강사단장으로 사역하며 부흥회에 대한 기획안이다.

일일세미나

연합부흥회

【예심전도부흥회 기획안】

■ **목적** : 전도에 대한 동기부여와 전도의 동력을 일으키는 부흥회로 진행한다. 전 교인이 전도자로 살 수 있는 결단과 교회와 가정과 인생이 그리스도의 비밀을 체험하고, 성령충만 받아 축복의 통로로 변화 될 수 있도록 한다.

■ **유형** : 일일 부흥회, 2박 3일 부흥회, 3박 4일 부흥회(개 교회 상황에 맞도록 결정)

■ **준비계획** ■
1. 기도회 : 성령님의 강력한 역사하심과 나타나심이 있도록 기도로 영적인 준비를 한다.
   (1) 특별 새벽기도회 : 한 주간 집중하여 부흥회를 위한 기도회를 개최한다.
   (2) 저녁 특별기도회 : 개 교회 상황에 맞게 기간과 시간을 정하여 진행한다.
   (3) 릴레이 금식기도회 : 기간을 정하고 중직자, 각 기관장, 구역장들을 중심으로 한 끼씩 금식하며 집중기도 한다.
   (4) 예배 때마다 합심기도를 한다.

2. 홍보계획 : 마음에 기대감을 갖고, 교회 전체적인 분위기를 바꿔야 한다.
  (1) 주보를 통해 예배 때마다 집중적으로 광고 한다.
  (2) 현수막 : 예심선교회 본부에서 초안을 제공하며 개 교회에 맞게 교회에서 제작하여 사용한다.
  (3) 전단지 : 예심선교회에서 초안을 제공하며 카톡, 문자, 개 교회에서 복사나 인쇄해서 사용한다.
  (4) 아는 교회와 예심사관학교 지부별로 홍보한다.

3. 동원계획 : 되도록 많은 성도들이 참석하여 은혜 받도록 한다.
  (1) 각 구역별, 기관별로 조직하여 홍보와 심방을 통해 참석을 독려 한다.
  (2) 아는 교회를 광고하여 초청한다.
  (3) 예심사관학교 지부별로 광고하고, 초청한다.

4. 찬양 준비 계획
  (1) 찬양단을 통해 미리 준비한다.
  (2) 찬양단이 없는 경우에 찬양인도자를 세워 준비한다.

5. 현장 전도 : 전도훈련 차원에서 오후에 실시한다.
(1) 말, 기, 찬, 메 시범
(2) 현장전도
(3) 현장전도 보고와 나눔
(4) 전도코칭과 마무리기도

6. 기타 준비
(1) 진행 준비 : 기도자를 정하고, 전체 진행은 본부에서 진행한다.
(2) 안내 준비 계획 : 교회 상황에 맞게 계획한다.
(3) 식사계획
(4) 부흥회 헌금봉투 준비

■ 예심선교회 본부 준비 ■
(1) 강사진 결정
(2) 간증자 결정
(3) 포스터, 전단지 초안
(4) 부흥회를 개최할 교회와 긴밀한 소통을 통해 상황을 파악하여 섬긴다.

■ 앞으로의 발전방향 ■

(1) 지부별 연합부흥회를 계획하여 개최
(2) 부흥회를 개최할 교회에 준비 매뉴얼을 보내 긴밀한 연락을 통해 섬긴다.
(3) 부흥회를 통해 예심전도사관학교 훈련생들이 나오도록 한다.

■ 예심부흥회 설교 계획 ■

1. 첫째날 : 전도가 안 되는 이유
   예심이 훈련하는 성경적 전도란?
   전도의 동기
2. 둘째날 : 전도의 방법
   복음제시 : 천국네비게이션 풀기
   전도의 실제 - 현장의 비밀
3. 셋째날 : 전도의 무기
   하나님 만나는 길
   인생네비게이션 풀기
4. 넷째날 : 영혼접근과 영혼 집중추수

※ 부흥회 설교본문과 제목은 강사님들이 기도로 성령님의 인도에 따라 결정하되 예심전도의 전체적인 흐름과 복음 전도메시지 선포와 현장간증을 통해 일관성을 갖도록 한다.

04

포기하지 말고 도전하라

　누구나 처음부터 잘 할 수는 없다. 하다 보니 잘하게 된다. 그래서 반복이 중요하다. 예심전도는 훈련의 특징 중 하나는 '반복'이다. 히브리인의 천재교육 방법론 중의 하나인 '학가다 교육'을 훈련에 적용한 것이다. 몸에 밸 때까지 계속해서 체질화시킨다. 메시지 읽기 숙제를 반복하고, 또 반복하게 한다. 자기 목소리로 녹음해서 올리게 한다. 입학은 있어도 졸업은 없다. 될 때까지 하게 한다. 이것이 '임계점'의 원리이다.

　인생은 의도적으로 도전해야 좋은 기회를 얻을 수 있다. 남이 걸어가는 길을 따라가기만 하면 기회가 생기지 않는다. 도전하기 위해서는 호기심이 왕성해야 한다. 호기심이란 새롭거나 신기한 것에 끌리는 마음을 말한다. 2002년 10월 9일 다

나카 고이치로씨가 노벨 화학상을 수상한 적이 있다. 그는 일본의 평범한 연구원이었다. 그러나 호기심 하나로 새로운 분야에 도전했다. 최선의 노력을 다하여 포기하지 않으므로 최고의 결과를 얻었다.

 다나카는 노벨상 수상식 기념강연에서 "나는 대학에서 화학을 전공한 사람이 아니기에 역대 수상자 중에서 최대의 도전자였다고 생각한다." 면서 운을 뗐다. "나는 샐러리맨 기술자이다. 두뇌가 뛰어난 것도 아니고, 전문지식도 충분하지 않다." 하지만 묵묵히 연구를 해온 결과 놀라운 발견을 할 수 있는 기회를 잡게 되었고, 노벨상까지 수상하게 되었다. 나는 호기심이 왕성한 편이어서 모르는 분야에 도전하는 것이 즐거웠다. 40세가 된 지금도 새로운 것에 도전하는 것은 자극적이고 즐거운 경험이다."

 도전의 원동력은 열정이다. 열정은 성취를 위해서는 과정에서 도사리고 있는 수많은 난관과 시련이 있다. 그래서 많은 사람들은 수많은 난관과 시련을 이겨내지 못하고 포기한다.
 열정은 다양한 계기를 통해 생겨난다. 첫 번째는 "사명감"이다. 인류를 구원하기 위해 십자가에 못 박히신 예수님, 평생을 헐벗고 가난한 사람을 위해 헌신했던 테레사 수녀, 무의탁 노인들을 돌보는 최일도 목사 등 많은 훌륭한 분들이 있다. 1914년 영국군의 의무단에 자원했던 플레밍이 있다. 그는 세균을 연구했던 세균학자였다. 수많은 부상병들이 박테리아로 득실거리는 심한 상처에 고통을 받고 있었다. 그것을 보고 상처 없이 세균을 제거하는 항생제를 연구하는 것을 사명으로 정했다. 그리고 연구에 연구를 거듭했다. 그 결과 강력한 항생제인 '페니실린'(Penicillin)을 발견하였다.

  열정의 두 번째 원천은 '호기심'이다. 호기심은 사람을 도전하게 하는 원동력이다. 세 번째의 원천은 이익이 있어야 한다. 이익이 없는 일에는 누구나 열정을 가지지 못한다. 열정의 네 번째 원천은 "위기의식"이다. 사람은 위기를 느끼면 본능적으로 대처하려고 준비한다. 위기가 클수록 열정의 크기는 비례한다. 능동적인 측면의 사명감, 호기심, 이익과 수동적 측면에서의 위기의식이 열정을 불러일으킨다. 그 열정은 도전하게 하는 원동력이 된다. '도전'이란 단어를 거꾸로 하면 '전도'다. 전도야 말로 도전 중에 최고의 도전이다. 전도는 대적 마귀와의 영적전투이다. 그러기에 인간의 힘과 노력으로 도전할 수 없다. 자연인은 결코 마귀를 이길 수 없기 때문이다. 그러나 예수님께서 마귀의 세력을 이기셨다. 아담과 하와가 타락했다. 그때에 사랑의 하나님은 그들에게 형벌을 내리기 전에 구원계획을 말씀하셨다. 아담과 하와를 범죄 하게 했던 사단의 세력을 멸하실 구원자 예수님을 보내주시겠다고 약속했다.

> "내가 너로 여자와 원수가 되게 하고, 네 후손도 여자의 후손과 원수가 되게 하리니 여자의 후손은 네 머리를 상하게 할 것이요. 너는 그의 발꿈치를 상하게 할 것이니라 하시고(창 3:15)."

> "죄를 짓는 자는 마귀에게 속하나니 마귀는 처음부터 범죄 함이라 하나님의 아들이 나타나신 것은 마귀의 일을 멸하려 하심이라(요일 3:8)."

승리하신 예수이름의 권세로 전도자가 승리할 수 있다. 전도자는 승리하신 예수의 깃발을 꽂고 다니는 사람이다. 예심 전도에서는 전도를 "정권 바꾸기"라고 가르친다. 마귀의 자녀를 하나님의 자녀로 빼앗아 오는 것이다. 그러니 마귀가 얼마나 저항을 할까? 최후의 발악을 할 것이다. 총공격 할 것이다. 그러기에 사람이 결코 할 수 없는 일이다. 전도는 성령께서 행하시는 사역이다. 부활하신 예수님은 40일 동안 부활의 몸으로 계셨다. 그리고 '하나님 나라의 일'을 말씀했다. 승천하기 전에 반드시 성취할 약속을 주셨다.

> "오직 성령이 너희에게 임하시면 너희가 권능을 받고 예루살렘과 온 유대와 사마리아와 땅 끝까지 이르러 내 증인이 되리라(행 1:8)."

전도의 도전은 가장 위대한 일이다. 오직 성령의 역사로 이루어 낼 수 있다. 성령에 이끌리어 전도하면 전도는 너무 쉽다. 잘 되어진다. 하면 할수록 힘이 난다. 기쁨이 생긴다. 예심전도훈련을 받고 나서 나는 행복하다고 고백한다. "행복자", "전미자", "하늘의 스타"로 이름이 바뀌어 진다.

전도현장

05

블루오션 전략
(Blue Ocean Strategy)

　한때 서점가를 강타한 책이 있었다. 바로 "블루 오션 전략(Blue Ocean Strategy)"이란 책이다. 2004년 프랑스 인시아드(INSEAD) 경영대학원(MBA)의 김위찬 교수와 러네이 모본 교수의 공동논문의 제목이다. 이 논문이 2005년 동명의 책으로 출간되었다. 43개 언어로 350만부 이상이 팔리며 전 세계적으로 널리 알려졌다. 2005년 4월에 한국에 저서가 발간되었다. 급속한 파급력을 보이며 책이 팔렸다. 경제계는 물론이고 정부부처와 정치권에까지 관심을 받고 있는 경영전략이론이다.

　"기업이 성공하기 위해서는 경쟁이 없는 독창적인 새로운 시장을 창출하고 발전시켜야 한다는 경영전략이다."

블루오션이란 지금까지 존재하지 않았던 산업, 미개척 시장 공간과 같은 경쟁사의 생존경쟁이 없는 새로운 시장을 말한다. 블루오션은 성장의 한계에 봉착한 경쟁사와의 경쟁을 내려 놓는 것이다. 그리고 경쟁자가 존재하지 않는 새로운 시장인 블루오션의 발굴을 통해 지속적인 부흥을 이루자는 것이다.

이 세상의 교회들은 교회 간에 경쟁하는 사례가 있다. 생존을 위해 많은 전략을 쓰기도 한다. 코로나 팬데믹 이후에 더욱 심각하다. 성도들이 '수평이동'을 통해서 교회의 생태계에 혼란을 가져오기도 한다. 대형교회 하나가 세워지면 그 주위에 많은 소형교회들이 몸살을 앓는 사례도 있다. 이런 수평이동은 하나님이 보실 때에는 진정한 부흥이라고 볼 수 없다. 물론 먼 곳으로 이사해서 다니던 교회를 못 나가게 될 상황도 있다. 이럴 경우는 가까운 교회로 등록할 수 있다. 이것을 지적하는 것은 아니다. 다른 교회에 잘 다니는 성도들을 흔들어서 데려오는 것은 금해야 한다.

개척교회, 소형교회가 든든히 세워질 때 교회생태계는 건강해진다. 교회는 서로 간에 비교하거나, 경쟁하는 조직이 아니다. 경쟁의식이 교회성장의 요소가 되어서는 안 된다. 교회는 공동체이며 예수그리스도의 몸이다. 그러므로 서로 격려하며 사랑해야 한다. 서로 섬기며 자신의 역할을 잘 감당하므로 윈윈(Win-Win)해야 한다. 복음은 살리는 것이다. 복음은 예수생명이다. 회사의 성공경영논리가 지배해서는 안 된다. 경쟁을 통한 성과위주의 함정에 빠지지 말아야 한다. 성장주의, 성공주의, 물량주의 유혹을 이겨야 한다. 전도도 이런 원리가 이끌어 가서는 안 된다. 왜 전도하는가? 무엇을 위해서 하는가? 누구를 위해서 하는가?

예심전도훈련은 본질을 추구하고 있다. 성경으로 돌아가야 함을 강조하고 있다. 내가 구원 받은 은혜에 감사해서 복음을 전하는 것이다. 지옥의 멸망 길로 달려가는 영혼이 불쌍해서 복음을 전해야 한다. 전도자의 마음 안에 예수님의 마음이 있다. 죽고 난 이후에는 구원의 기회를 놓친다. 그러기에 살아 있을 때 복음을 전하여 구원 받아야 한다. 사람은 내일 일을 알 수 없다. 그렇기 때문에 영혼구원의 시급성이 전도의 동기가 되어야 한다. 때를 얻든지 못 얻든지 복음을 전할 사명이 우리에게 있다. 성령이 충만하면 전도현장으로 나가게 되어 있다. 예수를 자랑하게 된다.

교회는 블루오션 전략으로 사역해야 한다. 그것은 불신자들을 향한 복음전도이다. 그래서 교회를 개척하고, 선교사를 파송한다. 교회의 존재 이유는 복음을 전하는데 있다. 교회의 머리는 예수님이다. 예수님은 교회의 주인이시다. 그렇기 때문에 예수님이 오신 목적을 알고, 따라가야 한다. 예수님은 온 인류를 구원하게 위하여 오셨다. 그리고 전도에 모범을 보이시며 가르치고 훈련했다.

> "도둑이 오는 것은 도둑질 하고 죽이고, 멸망시키려는 것뿐이요. 내가 온 것은 양으로 생명을 얻게 하고 더 풍성히 얻게 하려는 것이라(요 10:10)."

> "이르시되 우리가 다른 가까운 마을들로 가자 거기서도 전도하리니 내가 이일을 위하여 왔노라 하시고, 이에 온 갈릴리에 다니시며 그들의 여러 회당에서 전도하시고 또 귀신들을 내쫓으시더라(막 1:38-39)."

코로나의 위기 속에서 더욱 교회는 불신자들을 향한 블루오션 전략으로 집중해야 한다. 예수님은 의인을 부르러 오신 것이 아니다. 죄인을 불러 구원하러 오셨다. 교회가 복음을 전하지 않으면 본질을 놓친 것이다. 나만의 블루오션 전략, 개 교회마다 블루오션 전략이 있어야 한다.

06
위기는 기회다

　위기가 기회라는 소망적인 말을 자주 듣는다. 위기 속에서 새로운 돌파구를 찾고, 기회로 삼아 문제를 해결해 가는 것이다. 우리나라의 큰 위기를 되짚어보자. 1990년대 말 국제통화기금(IMF) 외환 위기사태가 있었다. 2008년 글로벌 금융위기도 있었다. 그리고 이번에 코로나19 팬데믹의 큰 위기를 겪고 있다. 우크라이나와 러시아의 전쟁이 터졌다. 2022년 2월 24일 러시아 대통령 블라디미르 푸틴이 특별 군사작전 개시 명령을 선언했다. 선언 이후 러시아가 우크라이나를 침공하면서 발생했다. 세계적으로 경제에 큰 어려움 속에 있다. 그러나 초유의 위기 속에서도 대응방안을 찾아서 돌파해야 한다. 위기 내응능력과 근본 경쟁력을 키워가야 한다. 결국 위기를 극복할 해법은 정면 돌파다.

(사)예심선교회에서 필자에게 맡겨준 사역이 있다. 예심전도사관학교 지부별 일일세미나를 인도하는 것이다. 코로나의 어려운 상황에서도 계속되었다. 세미나 때마다 "성령의 돌파"에 대해 강조했다. 코로나가 걸림돌이 아니라 디딤돌로 만들자. 위기는 기회라고 선포했다. 그 이유로 하나님은 코로나 이전이나 코로나 시대나 동일하게 역사하고 계신다. 그리고 "모든 것을 합력하여 선을 이루신다(로마서 8:28)."

(사)예심선교회는 위기의 코로나19 시기를 기회로 바꾸는 많은 사역이 진행되었다. 코로나19 시기에도 예심전도사관학교 훈련을 멈추지 않고 지속했다. 방역지침으로 모이기 어려운 상황에는 영상으로 훈련을 진행했다. 전도현장을 못 나가는 성도들을 위해서 스마트폰 전도영상을 제작했다. 필자도 최근에 현장전도에서 만났다가 계속적으로 영상전도지를 보내서 등록하여 예배에 잘 출석하는 성도가 있다. 대구와 부천에서 자살하려고 했던 사람이 전도 영상을 보고 구원 받았다.

코로나19의 위기 상황에서 하야통삶을 개발하였다. 하야통삶의 뜻은 하야통삶 교재 표지에 잘 설명되어 있다. 하야란 "하나님의 말씀이 나의 마음에서 일시적인 상태로 머물지 않고, 항상 지속되고 있음을 나타내는 동사이다." 통이란 "말씀을 통하여, 예수그리스도를 통하여, 성령님께서 세우신 교회와 가정 공동체를 통하여 그리고 나를 통하여 하나님의 영광을 돌리는 삶을 살게 하는 것이다." 삶이란 "지옥 같은 삶을 청산하고 천국 같은 삶을 살도록 하는 것이다." 불신자처럼 살지 않고, 신자와 같이 천국을 실감하면서 사는 삶을 살도록 하는 운동이다. 그리고 코로나19의 위기 상황 속에서 국가로부터 사단법인 설립 허가를 받았다.

 지금까지는 김기남 목사의 개인이 운영하는 예심선교회가 사단법인으로 등록되어 더욱 비전을 갖고, 하나님 나라의 확장을 위한 사역을 힘 있게 펼쳐나갈 수 있는 문이 열리게 되었다. 그리고 기독UN의 플랫폼을 세우게 되었다. 연합을 통하여 국내 복음화와 세계선교로 힘차게 뻗어 나가고 있다.

8부

다시 개척의 현장으로

1. 거부할 수 없는 하나님의 인도
2. 여호와 이레의 하나님
3. 3번의 창립예배
4. 예수님의 비우심과 청소전도
5. 40일 작정전도
6. 창립 1주년 기념 예심전도부흥회

01
거부할 수 없는 하나님의 인도

하나님께서 행하시는 일은 필자로써 다 이해할 수 없을 때가 많다. 그래서 갈등하고, 불신앙 할 때도 있다. (사)예심선교회 본부사역 중에 개척에 대한 강한 감동이 왔다. 부인하며, 피하고 싶었다. 그래서 몇 가지 이유를 들어 하나님께 기도했다.

첫째, 제 나이 육학년 오반(65세)으로 은퇴를 준비할 나이입니다.
둘째, 코로나 상황입니다. 개척교회나 미 자립교회가 어렵습니다. 문을 닫는 사례도 있습니다.
셋째, 준비된 개척자금이 없습니다.
넷째, 지금하고 있는 예심선교회 사역도 바쁘고, 행복합니다.
다섯째, 교회도 많은데 왜 또 교회를 개척해야 하나요?

논리적으로 해서는 안 되는 이유를 하나님께 기도로 말씀드렸다. 그러나 하나님은 내 논리에 넘어가지 않으셨다. 개척에 대한 사명을 계속 명령하셨다. 군목을 전역한 후 1988년도에 많은 어려움 속에서 개척을 해 본 경험이 있었다. 그렇기 때문에 더욱 결단하기가 힘들었다. 개척교회를 시작하면서 겪었던 많은 어려움들이 뇌리를 스치고 지나갔다. 그래서 다섯 가지 이유를 들어서 "하나님 안 됩니다"라고 기도했다. 모세에게 애굽에서 노예 살이 하고 있는 이스라엘 백성들을 가나안으로 인도하라는 사명을 주셨다. 하나님은 호렙산 떨기나무 불꽃 가운데서 모세를 부르셨다.

> "이제 가라 이스라엘 자손의 부르짖음이 내게 달하고 애굽 사람이 그들을 괴롭히는 학대도 내가 보았으니 이제 내가 너를 바로에게 보내어 너에게 내 백성 이스라엘 자손을 애굽에서 인도하여 내게 하리라(출 3:9-10)."

이때 모세는 몇 가지 핑계를 대며 사명을 피하여 애굽으로 가지 않으려고 했다.

> "모세가 하나님께 아뢰되 내가 누구이기에 바로에게 가며 이스라엘 자손을 애굽에서 인도하여 내리이까(출 3:11)."

"모세가 대답하여 이르되, 그러나 그들이 나를 믿지 아니하며 내 말을 듣지 아니하고 이르기를 여호와께서 네게 나타나지 아니하셨다 하리이다(출 4:1)."

"모세가 여호와께 아뢰되 오! 주여 나는 본래 말을 잘하지 못하는 자니이다. 주께서 주의 종에게 명령하신 후에도 역시 그러하니 나는 입이 뻣뻣하고 혀가 둔한자이다(출 4:10)."

모세를 하나님이 보내셨다. 함께하시니 애굽으로 가라. 입을 지으신 하나님이 보냈다. 그러나 모세는 핑계 대며 사명을 피하려 했다. 개척을 명령 받은 필자의 모습과 흡사했다. 피하고 도망치려고 할수록 답답해졌다. 기도도 막혔고, 영적혼란이 왔다. 무거운 짐이 내려 누르고 있었다. 죽을 것 같은 심정이었다.

요나가 하나님이 주신 사명을 피해 다시스로 가는 배에 올랐다. 바다 한 가운데서 큰 풍랑을 만나 바다 속에 던져졌다. 그러나 하나님께서는 큰 물고기를 예비하셨다. 요나는 삼일 동안 물고기 뱃속에서 회개기도를 했다. 필자도 주신 사명을 피하려고 할 때 물고기 뱃속에서의 요나의 경험을 하게 했다. 요나는 도피하면 여호와의 낯을 피할 줄 착각했다. 사명을 피해도 되는 줄 착각했다. 요나의 잘못된 선민의식이 그의 사명의 길을 막고 있었다. 필자가 처한 상황을 핑계로 사명을 피할 수 있다는 착각의 늪에서 허우적거리고 있었다. 사명을 피하려는 착각에서 벗어나려고 보름정도 몸부림쳤다.

코로나의 상황에서도 예심전도사관학교 훈련생도들은 작정전도를 통해 전도현장으로 나갔다. 그것은 훈련의 결과였다. 특히 피켓전도, 외침전도 등을 통해서 현장전도는 계속되었다. 필자도 훈련을 받았기 때문에 전도현장 나가는 것은 두렵지 않았다. 훈련의 결과로 전도에 대한 부담이 없어진 것이다. "교회가 전도만 되면, 어떤 상황에서도 개척은 된다." 이런 마음을 성령님께서 주시면서 용기와 담대함이 생기기 시작했다. "전도가 답이다." "전도 안에 다 있다." "전도 안에 목회를 담자."라고 마음속으로 외치며 결심했다. 그리고 아내에게 말했다.

"하나님께서 개척을 명령하신 것이 확실한 것 같아요. 이제부터 이렇게 기도합시다. 하나님! 개척의 모든 것이 다 준비된 곳이 있으면 개척에 순종하겠습니다."

참으로 황당한 기도였다. 그러나 개척은 전적인 하나님의 일이다. 그러면 하나님께서는 이 기도를 어떻게 들으시고 응답하셨을까?

02
여호와 이레의 하나님

기도한 지 3일째에 아내가 김포에 있는 이희영 목사와 통화를 하게 되었다. 대화중에 개척에 대한 기도를 부탁했다. 이희영 목사는 필자의 추천서를 통해 성결대학교 신대원에 입학했다. 그리고 필자가 시무하던 서울 시민교회에서 3년 정도 전도사로 동역했다. 사례도 받지 않고, 충성스럽게 헌신하다가 김포로 개척을 나왔다. 장기성결교회를 개척하여 사역을 잘 감당하고 얼마 전에 은퇴를 했다.

개척에 대한 기도를 부탁했을 때 "어머~사모님 잠깐만 기다려보세요"라고 하면서 김포에 교회를 이전하려는 예배당 자리가 있다고 말했다. 필자가 다시 통화하면서, 만남을 주선해주도록 부탁했고 담임목사의 전화번호를 받았다. 그리고 예심선교회 김기남 대표목사를 만났다. 개척에 대한 그동안의 하나님께서 주신 감동과 인도에 대한 이야기와 김포에 상가교회 자리가 나왔다는 말씀을 드렸다. 김기남 목사는 연락이 되면 지금 가보자고 했다. 마침 통화가 되어 간 곳이 현재의 예배당 자리였다.

 하늘꿈교회가 개척하여 10년 동안 목회하던 장소였다. 같은 예성교단이었는데 최병순 담임목사를 처음 만났다. 만나서 대화 하던 중에 하나님께서 개척의 모든 것을 준비해 놓으셨다는 사실에 크게 놀랐다. 하늘꿈교회는 3년 전에 제직회를 개최하여 이런 결정을 했다. 10년째 되는 해 모든 교회보증금과 시설을 개척하는 목사에게 주고, 이전할 것을 결의 했다는 것이다. 처음 듣는 내용에 모두가 깜짝 놀랐다. 그 동안 지방회에 의뢰하여 문의가 왔었다. 그러나 월세가 150만원이라 부담이 되어 결정을 못했다고 했다. 코로나 상황이고, 개척이 어려운 시대라 신개척하기에 월세가 적은 것은 아니었다.

 상가 건물 2층으로 주차장이 넓어서 50여대의 차량을 주차할 수 있다. 1층은 식당들이 들어 서 있다. 아파트 단지에서는 떨어져 있지만 사람들의 왕래는 많은 장소였다. 일주일 정도 기도하고, 연락을 주기로 하고 헤어졌다. 그러나 이미 필자의 마음에는 확신이 있었다. 또한 김기남 대표목사도 협력교회로써 지원해 주겠다고 힘과 용기를 더해주었다.

 하늘꿈교회는 2021년 6월 30일부로 성도들만 데리고 이전하겠다고 했다. 이때까지 이전할 장소도 아직 정해지지 않은 상태였다. 필자는 하늘꿈교회 최병순 목사에게 "나는 개척하는 것이 급한 것이 아니니 여유를 갖고, 이전할 장소가 결정된 후에 해도 된다"고 말했다. 그러나 7월 1일부터는 다른 장소에서 예배드리는데, 이전할 장소가 결정이 안 되면 호숫가나 공원에서라도 예배드리겠다고 했다. 그 결정과 결단이 너무 놀라웠다. 이전장소가 결정되지 않은 상황에서 오직 하나님의 인도만을 의지하는 모습을 보면서 큰 도전과 감동이 받았다. 이전하기 전에 싱크대를 새것으로 교체하고, 서재바닥도 새 장판으로 깔고, 예배당 바닥도 성도들이 몇 번의 대청소를 해서 깨끗하게 만들어 주었다. 눈물이 날 정도로 감사했다.

 그런데 오히려 하늘꿈교회 최병순 목사와 성도들은 첫 열매로 하나님께 온전히 드린 것을 받으셨다는 사실에 감사하고 있다고 했다. 건물 주인이 교회와 재계약을 못하겠다고 했다. 최병순 목사는 이런 건물주를 설득하여 재계약을 성사시켰다. 6월 30일 새벽까지도 이전할 장소가 결정이 되지 않았다. 새벽예배 때 최병순 목사는 성도들에게 이렇게 말했다.

"교회가 아직 이전할 곳이 정해지지 않았습니다. 그러나 하나님께서 준비한 곳이 분명히 있을 것입니다. 오늘 12시까지 나와서 짐을 옮겨 이사해야 합니다. 10년이 되면 교회의 모든 보증금과 시설을 첫 열매로 하나님께 온전히 드린 것을 받으셨음에 감사합시다."

마지막 날에 하나님의 기적이 있어났다. 6월 30일 오전 10시 30분에 하늘꿈교회가 이전할 장소가 가계약을 하게 되었다. 그리고 그 날 오후 3시에 김포예심교회로 재계약을 하게 되어 개척이 응답되었다. 하나님께서 행하시는 놀라운 일을 보면서 감사했다.

03
3번의 창립예배

2021년 7월 4일 첫 주일예배를 감격 속에서 드렸다. 아내와 아들 그리고 예배인도자인 필자가 예수님을 모시고, 첫 예배를 드렸다. 기도 중에 7대 비전을 정했다.

① 성령과 진리로 드려지는 영적예배공동체
② 영혼을 구원하는 전도공동체
③ 평신도를 세우는 제자훈련 공동체
④ 가정을 행복하게 세워가는 책임공동체
⑤ 다음 세대를 세우는 미래 공동체
⑥ 사회봉사와 섬김을 실천하는 사랑공동체
⑦ 한국복음화와 세계 선교에 쓰임 받는 선교공동체

이런 교회가 되게 하소서! 간절한 기도제목을 정하고 기도하기 시작했다.

① 거룩한 교회
② 성경적 교회
③ 전투함의 교회
④ 구원선의 교회
⑤ 지역사회를 섬기는 교회
⑥ 예심 전도의 모델, 중심, 주류교회
⑦ 세계선교에 쓰임 받는 교회

첫 예배 후에 3주간 동안 가족 두 명과 함께 예배를 드렸다. 코로나의 상황은 더욱 심각하게 확산되어 확진자들이 늘어났다. 그리고 코로나 4단계가 발령되었다. 방역 수칙이 강화되어 예배모임에 제한이 왔다. 예배 순서자와 영상 촬영담당자 외에는 모이지 못하도록 했다. 그러나 김포예심교회 전성도가 다모여도 방역수칙에 부합되는 상황이었다.

창립을 위해 서류를 준비하여 지방회에 제출했다. 임원회에서 지방회적으로 결정된 창립예배 날짜를 두 번이나 연기하는 상황이 벌어졌다. 그리고 세 번의 창립 예배를 그룹별로 드리는 이변이 일어났다. 2021년 10월 24일 토요일 (사)예심선교회 주관으로 창립감사예배를 드렸다. 김기남 대표목사의 설교와 예심전도사관학교 지부장들의 기도와 축하 속에 은혜롭게 진행되었다. 많은 성도들이 참석해서 자리가 부족했다. 그 후에 성결대학교 79동기회에서 와서 '창립감사예배'를 드렸다. 2021년 11월 28일에 예수교대한성결교회 강서지방회 모세감찰회 주관으로 '창립감사예배와 목사위임예배'를 드리면서 김포예심교회가 역사적으로 출발하게 되었다.

요즘도 "개척하니 어떠냐?"는 질문을 받는다.

그때마다 "하나님의 은혜입니다. 행복합니다."라고 대답한다.

그 이유에는 여러 가지가 있다. 하늘꿈교회를 통해 예수님의 비우심 같이 예수님의 마음과 삶을 실천하는 모습을 보아서 행복하다. 설교하고 싶었는데 마음껏 설교하게 되어 행복하다. 더 기도할 수밖에 없는 환경과 전도하지 않으면 안 될 상황을 주신 하나님께 감사하고 있다. 65세의 나이에 개척의 마음, 도전정신의 젊음을 주신 하나님께 감사하고 있다.

교회개척은 3고의 길이라고 김석년 목사는 그의 저서 "패스 브레이킹(Path Breaking)"에서 말했다. "경제적 빈곤, 환경적 열악함, 인간적으로 외로운 길"이다. 그러나 개척자가 누릴 수 있는 특권 가운데 하나가 있다. "한 영혼"에 집중하는 일이다. 그리고 개척하면서 받은 큰 복이 너무 많음에 감사한다.

겸손하지 않을 수 없다. 예수님만 의지하고 바라봐야 할 상황을 주신 하나님께 감사하고 있다.

또한 (사)예심선교회의 후원과 부천예심교회 김기남 담임목사와 성도들의 후원에도 너무 감사하고 있다. 예성 강서지방회의 후원과 격려에 용기가 난다. 예수님이 머리로 계시고, 많은 지인들의 중보기도가 있어서 외롭지 않다. 개척을 나오기 전에 "비교의식"을 없애주신 하나님께 감사드리고 있다. 교회의 규모가 크고 작건, 있고 없고 하는 문제들을 다 내려놓게 하셨다. 그리고 아래의 말씀을 강력하게 붙잡는 은혜를 주셨다.

> "그는 근본 하나님의 본체시나 하나님과 동등 됨을 취할 것으로 여기지 아니하시고 오히려 자기를 비워 종의 형체를 가지사 사람들과 같이 되셨고(빌 2:6-7)"

여기서 "비워"라는 말씀으로 강한 깨달음을 주셨다. 비울 때 새로운 것으로 채울 수 있는 공간이 생긴다. 김포예심교회의 머리는 예수님이다. 예수님의 뜻을 따라서 주님이 재림하실 때까지 복음전하는 교회로 세워지길 소원하고 있다.

04
예수님의 비우심과 청소전도

    산을 올라갈 때보다 내려올 때가 더 조심해야 한다. 내려오는 것은 더욱 어려운 일이다. 기득권 내려놓기, 가진 것 포기하기, 자존심 내려놓기, 양보하기, 나의 욕심과 욕망을 내려놓기는 쉬운 일이 아니다. 코로나 팬데믹(Pandemic)의 긴 터널을 지나고 있다. 비움의 모델을 보여주신 예수님을 생각하며 닮기를 소망한다.

    예수님은 근본 하나님의 본체이다. 이것은 예수님의 신성을 나타내고 있다. 하늘 보좌에 계신 하나님이시지만 자신을 온전히 비우셨다. 그리고 낮고 천한 이 땅으로 가장 긴 여행을 하셨다. 종의 형체를 가지시고 죽기까지 복종하여 십자가에서 죽으셨다. 예수님의 비움을 통해 나 자신의 정체성에 대한 확실한 자각이 생긴다. 인간은 피조물이다. 내 소유를 갖고 태어난 것이 아니다. 오직 은혜로 하나님이 주신 것이다. 비울 때 채울 공간이 생긴다. 비움은 하나님을 주인으로 인정하는 신앙고백이다. 비움은 하나님의 말씀으로 채우기 위함이다.

길을 잃었을 때는 출발점으로 돌아가서 새로 출발해야 한다. 우리의 출발점은 성경이다. 나를 비우고 말씀으로 채우는 것이 어려움을 이길 수 있는 길이다. 예수님은 말씀이 육신이 되어 이 땅에 오셨다. 비우면 천국을 실감하게 된다. 살아가면서 하나님께서 주신 은혜와 축복이 너무 많음에 감사한다. 당연한 것이 하나 없고 오직 하나님의 은혜임을 고백하는 영성이 비움을 통해 체험된다.

65세에 교회개척을 시작했다. 비울 수 있는 상황을 주신 하나님께 너무 감사드리고 있다. 코로나 4단계가 발령 된 어려운 상황이고, 필자가 할 수 없기에 비움을 사모한다. 개척을 시작하며 첫 번째 사역에 대한 감동은 '청소전도'였다. 주님께서 나 자신을 비우는 사역으로 인도하셨다. 새벽 기도회를 인도하고, 전도 조끼를 입고, 마스크와 명함전도지를 준비한다. 만나는 사람마다 밝게 아침 인사하며 대화한다. 일상적인 대화를 넘어 영적인 진단을 한다.

"저는 김포예심교회 이주용목사입니다. 혹시 교회 다니세요?"

상대방의 반응에 따라서 명함전도지나 공기메시지, 인생메시지를 통해 불신자들이 이해하기 쉽게 대화로 신앙적 접근을 한다.

잘 듣는 사람에게는 예수 그리스도의 죽으심과 부활에 대한 복음을 전한다. 그리고 이름과 전화번호를 묻고, 영상전도지를 보내주겠다고 약속하여 예비신자(전도대상자)로 삼는다. 이렇게 연결된 사람들이 수십 명에 이른다.

지역을 품고, 지역주민들을 품을 수 있도록 기도한다. 버려진 담배꽁초를 주우며 "이것을 버린 영혼을 구원해주세요." "전도의 문은 열릴찌어다"라고 마음으로 선포한다. 그럴 때에 행복한 천국을 실감하게 되며 힘을 얻는다. 비움의 사역 속에 숨겨있는 하나님의 은혜를 경험한다. 예수님의 이야기는 "비움의 이야기"이다. 예수님을 위해, 영혼을 위해, 지역을 위해 나를 비우고 더 비우고 싶은 바람이 있다. 주인의 자리에서 내려와 종의 자세로 섬기는 비움을 통해 천국을 계속 경험하고 싶다.

05
40일 작정전도

　하나님의 인도에 순종하여 개척을 시작했다. 그러나 코로나의 확산으로 모든 부분이 "강제 멈춤" 상황 아래 있었다. 예심전도훈련을 받았기 때문에 개척에 용기를 낼 수 있었다. 새벽기도회를 인도하고, 아침식사 후에 개인 전도를 나갔다. 운동을 하다가 의자에서 쉬고 있는 분을 만났다. 반갑게 아침인사를 했다. 명함전도지로 복음을 전하고, 명함전도지를 손에 쥐어줬다. 그 후에 두 주간이 지났다. 주일 낮 예배에 스스로 교회에 나왔다. 너무도 반갑고 기뻤다.

　은퇴한 목사의 사모였다. 목사님은 은퇴 후에 요양원에 계신다. 김포로 이사 온 지 얼마 되지 않았고, 교회에 등록은 했으나 코로나로 새벽예배와 저녁예배도 드리지 않았다고 했다. 마침 아들이 같은 교단 출신목사였다. 그래서 전도하는 교회이고, 아들 목사가 같은 교단에서 목회를 하고 있으니 교회를 옮기겠다는 허락을 받고 왔다고 했다. 주일 낮 예배가 끝나고 "오늘 예배를 드리는 것 같이 드렸다"고 기뻐하면서 자원하여 등록하였다.

 개척 이후 3주간 동안 가족 3명이 예배를 드렸다. 7월 마지막 주간에 서울 신림동에 사는 전도영 성도와 안영자 권사가 교회에 출석하였다. 개척 후에 제 1호 성도였다. 전도영 성도는 아내 주금란 사모가 서울에서 전도 할 때 만났다. 김기남 목사가 대학원에 강의하러 가면서 대학원생들의 전도실습을 위해 함께 가서 전도현장에서 복음을 전했다. 그 후에 계속 영상전도지를 보내면서 복음적 만남을 지속했다. 그런데 어느 날 교회로 찾아오겠다는 전화가 왔다. 세 번에 걸쳐서 아는 형님과 친구와 아내를 데리고, 부천예심교회로 찾아왔다. 식사를 대접하고, 공원을 산책하면서 복음을 전했다. 그리고 부천예심교회로 등록하였다. 등록하고 다음 주에 우리는 김포로 개척을 나오게 되었다.

 김기남 목사는 전도영 성도 내외를 김포예심교회에 가서 함께 신앙생활 하도록 파송해 주었다. 코로나 상황이라 금방 나오지는 못했다. 첫 예배 후 4주째가 되어 교회에 출석했다. 서울에서 다섯 번 버스와 전철을 갈아타면서 왔다. 오전 10시가 약간 넘어 일찍 교회에 도착했다. 주일 낮 예배 전에 행복내비게이션, 천국내비게이션으로 양육교육을 실시했고, 예수님을 영접했다.

그리고 은퇴해서 가까이 살고 있는 조원집 원로목사 내외가 주일에 부흥회를 나가지 않으면 예배에 참석하고 있다. 2021년 12월이 되어서 박미자 권사가 수요예배에 참석했다. 부천에 살다가 사업 때문에 김포로 이사를 왔다. 부천에 아는 지인 신자를 통해 김포예심교회를 소개 받아서 왔고, 등록하여 함께 신앙생활을 하게 되었다. 남편과 함께 "신화 스프링" 사업을 경영하고 있다. 다양한 스프링을 만들어 내고 있다. 맛있는 음식을 기쁨으로 자원하여 주일마다 준비해 오고 있다. 그래서 매 주일에 잔치를 하고 있어 행복하다. 참으로 음식을 맛있게 잘한다. 지난해 가을심방을 하면서 남편 정운천 성도가 예수 그리스도를 영접했다. 그리고 9.1 DAY(구원데이) 초청주일과 성탄감사예배와 송구영신 예배 때 교회에 출석했다.

Korea 9.1 Day Festival을 계기로 40일 작정전도를 3차에 걸쳐 실시했다. 말.기.찬.메 후에 구호제창과 함께 명함전도지와 만화전도지 무기를 가지고 전도현장으로 나갔다. 교회 전도팀이 세워져서 너무 기쁘고 행복하며 감사하다. 은퇴한 심현섭 사모는 매일전도를 하고 있다. 아내인 주금란 전도사는 1,000일 작정전도 663일(2023년 2월 4일 기준)째를 진행 중에 있다. 박미자 권사는 예심전도사관학교 본부에 등록하여 전도훈련을 잘 받으며 40일 작정전도를 3차로 진행하고 있다. 담임목사인 필자는 아침 청소전도, 스마트폰 영상전도, 전도팀과 함께 하는 현장전도를 하면서 행복한 목회를 하고 있다. 최근에 등록한 찬양 사역자 최봉숙 찬양선교사(이상빈 협동목사 사모)도 예심전도사관학교에 등록하여 훈련을 받으며 40일 작정전도를 진행하고 있다.

1, 2, 3차 40일 작정전도 때에 사거리전도, 공원전도, 경로당전도, 미용실전도 등을 실시했다. 예수님 사랑의 마음을 담아 쑥떡전도, 카네이션전도, 보름날 나물전도, 계란전도, 수제비누 전도로 복음을 전했다. 창립 1주년이 되면서 3명의 가족으로 개척한 교회가 주일 낮 예배에 약 20여명 정도 출석하고 있다.

전도하는 교회에 하나님께서 영혼을 보내주신다. 교회의 존재 이유는 복음전도를 통한 영혼구원에 있다. 유람선 교회를 넘어 전투함의 교회, 구원선의 교회로 세워가야 한다. 많이 뿌리면 많이 거두고, 적게 뿌리면 적게 거두고, 안 뿌리면 국물도 없다

06
창립 1주년 기념 예심전도부흥회

　김포예심교회(담임목사 이주용)가 창립 1주년을 맞이하여 2022년 12월 4일-7일까지 예심전도부흥회를 개최하였다. 작년 코로나 4단계가 발령된 7월부터 예배를 시작했으나 두 번을 연기하다가 11월 28일에 창립예배를 드렸다. 예심전도부흥회는 (사)예심선교회(대표 김기남 목사)에서 주관하고 있다.

　(사)예심선교회는 하나님의 소원인 영혼구원을 위해 예수님의 마음을 품고, 예수님을 닮아, 예수님을 전하자는 전도전문훈련단체이다. 전국에 30여개 지부에서 전도훈련을 실시하고 있다. 이주용 목사는 이 단체에 사무총장 겸 예심부흥강사단 단장의 사역을 감당하고 있다. 강사로는 김기남 목사, 강신채 목사, 양병섭 목사, 이주용 목사가 전도 메시지를 은

혜롭게 전해주었다. 그리고 매 집회 때마다 현장전도 간증자들의 간증을 통해 전도에 큰 도전을 주었다.

이번 부흥회의 특징은 "연합 부흥회"의 축복이었다. 작은 교회는 부흥회를 개최하기에 부담이 되어 시도하기가 어렵다. 더욱이 코로나로 인해 부흥회가 위축된 상황이기도 하다. 김포예심교회는 담임목사와 가족 두 명이 개척한 상황이라 부흥회를 결단하기가 쉽지 않았다. 그러나 성령님의 강권하심이 있어서 순종하게 되었다.

부흥회를 준비하면서 순서를 담당할 목회자들에게 전화를 했는데 기쁨으로 허락해 주었다. 강서지방회장 이광열 목사, 부회장 김홍식 목사, 이희영 목사, 최병순 목사가 창립 1주년 축사와 대표기도, 축도를 담당해 주었다. 감사하게도 순서를 담당한 목회자들이 성도들과 함께 참석해 주었다. 강사들도 성도들과 함께 왔고, 부천예심교회(담임목사 김기남)는 매 집회 시간마다 조를 짜서 성도들을 파송해 주었다. 보조의자를 다 동원하면서까지 많은 성도들이 참석하여 은혜로운 부흥회를 진행했다. 연합의 기쁨과 아름다움을 체험하는 하나님의 역사를 보는 시간이었다.

또한 하나님께서는 부흥회 전과 부흥회 기간 중에 영혼들을 보내주셨다. 부흥회 시작 한 주전에 찬양 전문사역자가 등록했다. CTS 방송국 주최 '전국사모찬양경연대회'에서 대상을 수상한 최봉숙 찬양사역자가 등록하고, 부흥회 기간 중에 영감 넘치는 찬양인도와 특송을 통해 큰 은혜가 임했다. 그리고 부흥회 기간 중 3명이 등록하였다. 그동안 몇 번씩 교회에 출석하던 성도들이 부흥회를 계기로 결단하여 등록을 한 것이다. 하나님께서 전도부흥회를 기뻐하여 선물을 주심에 감사했다.

교회가 문을 닫고, 침체의 위기 속에서도 전도부흥회는 활성화 되고, 개최되어야 하는 필요성을 절감하게 되었다. 일을 행하시는 하나님, 그 일을 지어 성취하시는 하나님이시다. 하나님은 어제나 오늘이나 일하고 계신다. 코로나로 가속화된 탈기독교의 위기시대에 직면해 있다. 그러나 성경적인 정공법으로 복음전파의 야성이 예심전도를 통해 일어나고 있음에 감사하고 있다.

위의 내용은 필자가 성결신문(2022년 12월 20일자 11면)에 기고한 내용이다. 예심전도 부흥회를 통해 은혜를 받고, 사역의 비전과 용기를 얻었다. 교회 전도팀이 세워져 행복하게 전도하고 있다.

김포예심교회
1주년 예심전도부흥회